여디디야 기도

여디디야
기도

릭 킬리언 지음 | 이용복 옮김

규장

기브온에서 밤에 여호와께서 솔로몬의 꿈에 나타나시니라
하나님이 이르시되 내가 네게 무엇을 줄꼬 너는 구하라

솔로몬이 이르되 주의 종 내 아버지 다윗이
성실과 공의와 정직한 마음으로 주와 함께 주 앞에서 행하므로
주께서 그에게 큰 은혜를 베푸셨고
주께서 또 그를 위하여 이 큰 은혜를 항상 주사
오늘과 같이 그의 자리에 앉을 아들을 그에게 주셨나이다

나의 하나님 여호와여 주께서 종으로
종의 아버지 다윗을 대신하여 왕이 되게 하셨사오나
종은 작은 아이라 출입할 줄을 알지 못하고
주께서 택하신 백성 가운데 있나이다 그들은 큰 백성이라
수효가 많아서 셀 수도 없고 기록할 수도 없사오니
누가 주의 이 많은 백성을 재판할 수 있사오리이까
듣는 마음을 종에게 주사
주의 백성을 재판하여 선악을 분별하게 하옵소서
솔로몬이 이것을 구하매 그 말씀이 주의 마음에 든지라

열왕기상 3장 5-10절

들어가는 글

프롤로그

차례

하나님의 지혜가 담긴 솔로몬의 잠언

THE
PRAYER
of
SOLOMON

삶을 변화시킨
그의 기도

솔로몬은 당대 가장 지혜로운 사람이었다. 예수님을 제외한다면 인류 역사상 가장 지혜로웠던 사람이라고 믿는 사람들도 많다. 솔로몬이 그토록 지혜로운 사람이라면 우리는 "그의 지혜는 어디에서 왔는가? 그는 그 지혜를 어떻게 얻었는가?"라고 묻지 않을 수 없다. 역대하 1장에 따르면, 하나님께서 솔로몬에게 그토록 큰 지혜를 주신 이유는 그가 이스라엘의 왕으로서 책임을 온전히 감당할 수 있도록 하기 위해서였다.

그런데 솔로몬이 하나님께 지혜를 받았다는 이 아름다운 이야기의 중심에는 우리가 놓치기 쉬운 것이 하나 숨어 있다. 그것은 바로 그의 삶을 변화시킨 그의 기도이다.

그의 기도가 오늘날 우리에게 주는 의미는 매우 크다. 그의 기도에는 삶을 변화시킬 수 있는 원리들로 가득하다. 우리가 이 원리들을 따른다면, 우리는 우리가 늘 원해왔던 그런 삶을 살 수 있게 될 것이다. 즉, 하나님께 영광을 돌리고 사람들에게 선한 영향을 끼치고 세상을 변화시키는 삶을 살게 될 것이다.

이런 삶을 우리의 삶으로 만들기 위해 성경에 나오는 가장 위대한 기도 중 하나인 '솔로몬의 기도'를 깊이 살펴볼 것이다. 당신이 이 책을 읽을 때, 하나님께서 그분의 능력의 진리를 보여주시기를, 그래서 당신의 삶이 그분이 원하시는 삶으로 변화되기를 기도한다.

무엇이든 주겠다고
말씀하신 하나님

그가 나이 많아 늙도록 부하고 존귀를 누리다가 죽으매 그의 아들
솔로몬이 대신하여 왕이 되니라 대상 29:28

하나님께 큰 은혜를 받았던 이스라엘의 왕 다윗이 죽자 그의 아들
솔로몬이 왕위를 계승했다. 솔로몬은 기브온의 큰 산당 성막 앞에
아무 말 없이 서 있었다. 이미 제 할 일들을 모두 마친 제사장들은 물
러가게 했다. 그는 잠시나마 혼자 있게 되었고, 모든 것이 고요했다.

미풍(微風)이 불어와 여호와께 드린 일천번제의 마지막 제물에서
피어오른 연기가 하늘로 올라가는 것이 솔로몬의 눈에 들어왔다.
이제까지 그는 제사장들이 끊임없이 제물을 가지고 와 여호와께 올
려드리는 모습을 지켜보면서 기도했다.

이토록 많은 제물을 바치는 것이 낭비라고 생각하는 사람이 있었
을지 모르겠다. 하지만 이것은 반드시 필요했다. 조언해줄 아버지

10

도 없고 모사(謀士)들 중 누구를 온전히 신뢰해야 좋을지도 모르는 상황에서 그는 하나님 한 분만을 의지할 수밖에 없었다.

이미 솔로몬은 제사장 사독(Zadok)에 의해 기름부음을 받았고, 그의 왕권은 다윗의 유훈(遺訓)에 따라 굳게 섰기에 누구도 이스라엘의 새 왕에게 도전하지 못했다. 그의 아버지에게 반역하여 무고한 피를 흘린 사람들은 모두 처형되거나 유배되었다.

그러나 나라를 다스려야 한다는 무거운 책임이 솔로몬의 어깨를 짓누르고 있었다. 자기 자신도 의식하지 못하는 가운데 그는 국가 통치의 무거운 짐을 지고서 왕의 책임과 권한에 익숙해지려 발버둥치고 있었다.

이제 솔로몬은 곧 기브온을 떠나 다윗 성의 왕좌에서 그의 적법한 권한에 따라 다시 국사(國事)를 돌볼 것이다. 그가 기브온에 온 것은 왕의 직무를 다시 시작하기 전에 조상의 하나님께 제사를 드리기 위함이었다. 처리해야 할 국사가 많은 상황에서 이렇게 시간을 낸다는 것은 결코 쉬운 일이 아니었다. 이렇게 희생을 드릴 시간이 있으면 차라리 그 시간에 국가 통치 전략을 세우고 국가의 재무 상태를 확인하며 외국의 침략에 대비해 군대를 점검하는 것이 더 낫다고 생각하는 사람도 많았을 것이다.

하지만 솔로몬은 그렇게 생각하지 않았다. 그는 하나님을 만나기 위해 기브온의 산당에 왔다. 그는 자기 아버지 다윗이 하나님을 기쁘게 해드렸기 때문에 자기가 복을 받았다는 사실을 잘 알고 있었다. 하지만 그 자신도 다윗의 하나님을 만나 전능자 앞에서 행하는 법을 배우기 원했기에 기브온에 와 있었던 것이다.

솔직히 그에게는 약간의 두려움이 있었다. 그는 아버지 다윗이 물려준 왕국을 다스리고 재판하고 발전시켜야 할 책임이 자신에게 있다는 것을 잘 알았다. 그리고 이런 과업이 혼자 감당하기에는 너무 벅차다는 것도 잘 알았다. 지혜롭고 정의롭게 통치하기 위해서는 무엇보다 하나님의 지혜가 필요했다. 그래서 그는 일천번제를 드리며 기도했다.

그가 비용을 많이 들여 이런 경배를 드렸다는 것은 그가 장차 그의 왕국을 어떻게 통치할 것인지를 말해준다고 할 수 있다. 또 이런 경배는 그의 이스라엘 통치의 초석(礎石)이 될 것이었다. 그가 볼 때 가장 중요한 분은 하나님이셨다. 하나님을 위한 것이라면 어떤 희생도 아깝지 않았다. 그의 마음에 하나님보다 더 중요한 존재는 없었다.

일천번제의 마지막 번제에서 연기가 피어올라 하늘로 올라갈 때 솔로몬의 시선도 그 연기를 따라 하늘로 올라갔다. 그리고 그의 생각은 동남쪽으로 늘어진 산지에 있는 예루살렘으로 향했다.

 과거에 그의 아버지는 노래하고 춤추며 언약궤를 예루살렘 성으로 가져갔지만, 언약궤는 본래 회막 안에 있어야 했다. 언약궤와 회막이 서로 다른 곳에 있는 것은 옳지 않았다. 하지만 솔로몬은 언약궤가 여기, 회막이 있는 곳으로 돌아오는 것을 그의 아버지 다윗이 원하지 않았다는 것도 잘 알고 있었다. 그러니 언약궤의 영원한 거처를 예루살렘의 산꼭대기에 마련하는 일은 솔로몬의 과제로 남게 되었다. 사실 그의 아버지 다윗은 세상을 떠나면서 성전 건축을 위한 계획과 막대한 재원을 물려주었다.

 그럼에도 불구하고 지금 솔로몬이 할 수 있는 일은 그저 멍하니 서서 앞으로 어떻게 해야 할지를 고민하는 것이 고작이었다. 방금 그는 여호와의 지혜를 얻기 위해 최대한 정성을 다해 하나님께 번제를 드렸다. 정복, 전쟁, 피 같은 말이 그의 아버지의 통치를 특징지었다면, 이제는 지혜, 번영, 평화가 그의 통치의 특징이 되어야 하지 않을까?

그날 밤, 여호와께서 솔로몬을 찾아와 응답하셨다.

기브온에서 밤에
여호와께서 솔로몬의 꿈에 나타나시니라
하나님이 이르시되
내가 네게 무엇을 줄꼬 너는 구하라

열왕기상 3장 5절

THE
PRAYER
of
SOLOMON

chapter 1

여호와께 사랑받은 자,
그가 드린 기도

그날 밤, 즉 솔로몬이 예루살렘으로 돌아가기 전날 밤 여호
와께서 그의 꿈에 나타나셨다.

"여디디야!"

어쩌면 솔로몬은 이렇게 부르시는 하나님의 음성을 들었는지도
모른다. 이 이름은 그가 태어났을 때 선지자 나단을 통해 하나님이
주신 이름으로 '여호와께 사랑을 받은 자'라는 뜻이다.

하나님께서 솔로몬에게 말씀하셨다.

"내게 원하는 것이 있다면 무엇이든지 구하라."

성경은 솔로몬이 이 말씀을 듣고서 가슴이 설레었는지 어떤지에
대해 전혀 언급하지 않고, 다만 그가 이렇게 기도했다고 기록한다.

솔로몬이 이르되

주의 종 내 아버지 다윗이

성실과 공의와 정직한 마음으로

주와 함께 주 앞에서 행하므로

주께서 그에게 큰 은혜를 베푸셨고

주께서 또 그를 위하여 이 큰 은혜를 항상 주사

오늘과 같이 그의 자리에 앉을 아들을 그에게 주셨나이다

나의 하나님 여호와여

주께서 종으로 종의 아버지 다윗을 대신하여 왕이 되게 하셨사오나

종은 작은 아이라 출입할 줄을 알지 못하고

주께서 택하신 백성 가운데 있나이다

그들은 큰 백성이라 수효가 많아서 셀 수도 없고

기록할 수도 없사오니

누가 주의 이 많은 백성을 재판할 수 있사오리이까

듣는 마음을 종에게 주사

주의 백성을 재판하여 선악을 분별하게 하옵소서

왕상 3:6-9

하나님께서는 솔로몬의 이 기도를 기뻐하셨기 때문에 이렇게 응답하셨다.

이에 하나님이 그에게 이르시되

네가 이것을 구하도다

자기를 위하여 장수하기를 구하지 아니하며

부도 구하지 아니하며

자기 원수의 생명을 멸하기도 구하지 아니하고

오직 송사를 듣고 분별하는 지혜를 구하였으니

내가 네 말대로 하여 네게 지혜롭고 총명한 마음을 주노니

네 앞에도 너와 같은 자가 없었거니와

네 뒤에도 너와 같은 자가 일어남이 없으리라

내가 또 네가 구하지 아니한 부귀와 영광도 네게 주노니

네 평생에 왕들 중에 너와 같은 자가 없을 것이라

네가 만일 네 아버지 다윗이 행함같이 내 길로 행하며

내 법도와 명령을 지키면 내가 또 네 날을 길게 하리라

왕상 3:11-14

솔로몬은 하나님의 이 말씀을 들은 후에 잠에서 깼다. 잠에서 깬 그가 얼마나 놀랐겠는가! 돌아갈 준비를 마친 솔로몬과 그의 수행원들은 예루살렘으로 돌아왔다. 예루살렘에 도착한 그는 언약궤 앞에 서서 헌신과 감사의 희생을 드리며 하나님을 찬양하고 경배했다. 그런 다음 모든 신하들을 위하여 잔치를 베풀고 하나님의 약속

을 찬양했다.

여호와께 사랑을 받은 자 솔로몬, 즉 여디디야는 이제 이 땅에서 하나님의 백성을 다스리는 왕으로서의 직무를 감당할 준비가 되어 있었다.

왕, 솔로몬

솔로몬은 그의 아버지 다윗의 선택에 의해 왕이 된 사람이었다. 그의 형들이 왕위를 놓고 그와 경쟁을 벌이기도 했지만, 하나님의 도우심을 힘입어 결국 왕이 되었다. 왕관을 쓰게 되었을 때 그는 교만해질 수도 있었고 감사할 수도 있었다. 그런데 그의 행동은 그가 '감사'를 선택했음을 말해준다.

솔로몬은 복잡한 정치 무대이자 시끄럽고 분주한 수도 예루살렘을 떠나 기브온에서 하나님께 형식을 갖추어 경배와 감사를 올렸다. 그 형식은 바로 일천번제였다. 희생제사를 천 번 드리는 것이었다. 하루에 12시간 동안 20분마다 한 번씩 제물을 드린다고 했을 때 일천번제를 드리려면 꼬박 4주가 걸린다.

조용한 곳으로 물러가 하나님께 제물을 바칠 때, 솔로몬은 그야말로 모든 정성을 다 쏟았다. 이토록 중요한 인생의 고비에서 솔로몬의 마음에는 교만이 끼어들 여지가 전혀 없었다. 하나님의 백성을 돌봐야 하는 입장에 있던 그는 언젠가 하나님께서 그의 사명에 대해 책임을 물으실 것을 잘 알고 있었다.

그러나 또한 그는 자기 혼자의 힘으로 책임을 감당하는 것이 아니란 사실을 그의 아버지를 통해 배웠다. 그를 불러 왕으로 세우신 하나님께서 왕의 책임을 잘 감당할 수 있는 힘 역시 주실 것이었다. 그는 하나님을 찾고 그분의 인도하심을 따르기만 하면 되었다.

무엇이든 구하라

소란스럽고 복잡하게 돌아가는 현대인의 생활은 하나님과의 관계를 추구하는 데 방해가 되기 쉽다. 왜냐하면 현대인은 "가만히 있어 (그분이) 하나님 됨을"(시 46:10) 알기 위한 시간을 거의 내지 않기 때문이다. 그러나 우리는 우리 생활의 불필요한 부분들을 찾아 제거하고, 그 시간을 경건생활에 투자해야 한다.

옛날엔 말을 타고 숲을 지나 일터로 갔지만, 요즘엔 큰 소리로 교통상황을 전하는 라디오를 켠 채 휴대폰을 옆에 놓고 고속으로 차를 몰아서 출근해야 한다. 과거에는 우리의 가정에 침묵의 공간들이 많았지만, 지금은 음악, 텔레비전, 영화, 컴퓨터 게임들이 그 공간들을 차지해버렸다.

과거 대초원을 달리며 미국의 변경(邊境)을 서쪽으로 확장했던 사람들에게는 고작 책 몇 권이 전부였다. 그 책들 중 하나는 성경이었고, 아이들은 종종 성경 이야기를 연극으로 재연해보곤 했다. 그러나 오늘날 휴대폰과 스마트 기기로 세상과 연결된 우리 아이들은 학교 수업이 끝나기 무섭게 축구경기, 학원, 또래 모임 등으로 달려간다. 조용하고 차분한 것은 현대인에게 더 이상 자연스럽지 않다.

그러나 내가 이렇게 말한다고 해서 우리 모두가 아만파(the Amish: 17세기 스위스의 메노파 감독 J. 아만이 창시한 기독교의 한 분파로 현대 문명을 거부한다 - 역자 주) 신자처럼 되어야 한다고 주장하는 것은 아니다. 문화적 변화를 가능하게 한 현대의 기술 덕분에 우리는 우리의 평생에, 심지어 솔로몬보다 더 많은 것을 성취할 수 있게 되었다. 하지만 그렇다고 해서 우리가 세상 사람들처럼 기술 혁신에게 최고의 자리, 즉 하나님의 자리를 내주어야 하겠는가? 결코 그럴 수 없다. 하나님은 그분을 따르는 자들에게 문화의 흐름에 맞서라고 늘 요구하셨다. 우리는 단순히 대중의 흐름에 따라가선 안 된다. 하나님은 문화적 압력에도 불구하고 하나님께 최고의 자리를 내어드리도록 우리를 부르셨다.

그러므로 우리는 이제까지 이 땅에 살았던 그 어떤 세대보다 더 조용한 시간을 내어 하나님을 높이고 기도하고 그분의 응답을 듣기 위해 귀를 기울이기로 선택해야 한다. 우리는 솔로몬이 기브온에서 그랬던 것처럼 우선적으로 하나님 앞에 나아가 조용히 머무는 시간을 선택할 수 있다.

하나님은 우리의 의지에 반(反)하여 그분의 방법을 우리의 삶에 억지로 강요하지 않으신다. 그분은 "내가 너에게 무엇을 해주기를 원하느냐?"라고 물으실 정도로 우리의 의지를 존중해주신다. 그러니 최신 베스트셀러 대신 성경을 규칙적으로 읽기로 선택할 사람은 바로 우리 자신이다.

솔로몬에게 하나님의 법과 그분의 길을 가르쳐줄 수 있는 것은 당시의 부분적인 성경과 그의 아버지뿐이었다. 반면 우리에게는 부분적인 성경이 아니라 완전한 성경이 있다. 이 땅에 살았던 40명 이상의 지극히 위대한 하나님의 사람들이 우리에게 이 완전한 성경을 물려주었다. 성경에는 기사(記事), 편지, 환상, 시, 노래, 그리고 잠언이 들어 있는데, 하나님께서 성경을 주신 이유는 우리가 교훈을 배워 그분을 알도록 하기 위함이다. 음식이 우리의 몸을 살리듯이 하나님의 말씀은 우리의 영혼을 살린다.

오늘날 하나님을 어떻게 알 수 있을까?

당신이 어떤 유명한 사람에 대해 알고자 한다고 가정해보자. 당신은 어떻게 하겠는가? 아마도 다른 사람들이 그에 대해 쓴 글을 읽고 또 그가 그 자신에 대해 쓴 글을 읽을 것이다. 이럴 경우 다른 사람이 그에 대해 쓴 글보다 그 자신이 직접 쓴 글이 더 중요하게 여겨질 것이다. 어쩌면 당신은 당신이 읽은 내용 중 일부에 의문을 품고 그에게 편지를 쓰거나 이메일을 보내 문의할 수도 있을 것이다. 그의 답장을 기대하며 당신은 글을 정성껏 다듬어 보낼 것이다. 아니면 당신은 그에게 전화를 걸거나 또는 직접 만나려고 시도할지도 모른다. 그에 대해 생각하고 그와 함께 보내는 시간이 많아질수록 당신은 그를 더 잘 알게 될 것이다. 어쩌면 그는 결국 당신의 친구들 중 한사람이 될지 모르는 일이다.

하나님을 아는 것이 이것과 다를까? 일주일에 한 번 교회에 가서 다른 사람들이 그분에 대해 하는 말을 듣는 것으로 충분할까? 당신은 그저 떠도는 얘기로만 아는 사람을 당신의 친구로 간주할 것인가? 아니면 1대 1로 만나 이야기를 나누거나 편지를 주고받는 사람을 친구로 간주할 것인가?

솔로몬은 평생 하나님에 대해 많은 이야기를 들었고 아주 많이 배웠다. 틀림없이 그는 하나님에 대해 많은 글을 읽었을 것이다. 그러나 하나님의 백성을 다스려야 할 때가 되자 그는 그분을 더욱 개인적으로, 친밀히 알아야 할 필요성을 느끼게 되었다. 그리하여 모든 준비를 갖추고 기브온 산당을 찾았던 것이다.

결국, 그는 실망하지 않았다.

하나님을 새롭게 깨닫다

하나님은 영원하고 전능하고 전지(全知)한 분이시다. 그렇다면 이렇게 모든 것을 다 아시는 분이 왜 솔로몬의 꿈에 나타나 "내가 네게 무엇을 해주기를 원하느냐?"라고 물으셨을까? 그분은 이미 모든 것은 알고 계시지 않았을까? 솔로몬이 일천번제를 드리는 중에 이미 그의 소원을 말씀드리지 않았겠는가? 하나님은 솔로몬의 대답을 듣기 전에 그의 기도에 응답하실 수 없었는가?

물론 그렇게 하실 수도 있었다. 그러나 그분은, 솔로몬이 그분을 만나기 원하는 것보다 더욱 간절히 솔로몬과 얼굴과 얼굴을 대하여 만나기를 원하셨던 것이다!

이런 하나님은 우리가 이제까지 알고 있던 구약의 하나님과 무척 다른 분이라고 느껴질 것이다. '구약의 하나님'이라고 하면 홍수를 내리신 하나님, 애굽 군대를 홍해에 빠뜨려 죽이신 하나님, 그분께 도전하고 거부하는 자들에게는 얼마든지 형벌을 내리실 수 있는 하나님만을 생각하는 경향이 있다. 그러나 구약의 하나님이 여기에서는 다른 모습으로 나타나셨다. 솔로몬이 그분을 간절히 찾았을 때 그분은 밤에 조용히 찾아오셔서 그에게 무엇을 원하느냐고 물으셨다. 심지어 그를 깨우지도 않으셨다!

하나님은 솔로몬에게 주목하셨다.

역대하 16장 9절은 "여호와의 눈은 온 땅을 두루 감찰하사 전심으로 자기에게 향하는 자를 위하여 능력을 베푸시나니"라고 가르친다. 전심으로 하나님께 향하는 것, 이것이 바로 결정적인 잣대이다. 그렇다면 우리의 마음이 거짓 없이 전심으로 그분께 향한다는 것을 어떻게 그분께 증명할 수 있는가? 혹시 우리의 마음이 거짓 없이 전심으로 그분께 향해 있다는 것을 우리 자신에게 증명할 필요는 없는가?

솔로몬은 기브온에 가서 하나님을 만나고 그분께 희생을 드려야 할 때가 왔다고 느꼈던 것 같다. 야고보서 4장 8절은 "하나님을 가까이 하라 그리하면 너희를 가까이 하시리라"고 가르친다. 솔로몬은 바로 이 진리에 따랐기 때문에 기브온에서 일천번제를 드렸던 것이다.

성경에서 가장 큰 약속

솔로몬처럼 당신도 하나님이 필요하다는 것을 깨닫고 그분을 가까이 하기 위해 이 책을 선택하여 읽고 있는지도 모르겠다. 당신은 성경의 가장 큰 약속을 알기 원할 것이다. 우리가 하나님을 개인적으로 알고 그분의 친구가 될 수 있다는 것, 에덴동산에서 아담과 하와가 그랬던 것처럼 그분과 동행할 수 있다는 것, 그분의 인도하심과 지혜를 통하여 사도 바울처럼 평생의 사명을 깨달을 수 있다는 것, 다윗처럼 고난과 역경 속에서 그분의 사랑과 위로를 알 수 있다는 것, 베드로와 요한처럼 그분의 능력을 알 수 있다는 것, 이런 것들이 바로 성경의 가장 큰 약속이다.

물론 하나님이 우리의 꿈속에 나타나지 않으실 수도 있다. 그러나 우리가 그분을 찾고 또 찾으면, 그분을 인격적 관계 속에서 친밀히 알 수 있다는 것이 성경의 거듭된 교훈이다. 우리는 삶 속에서 그분의 임재를 경험할 수 있다. 그분의 임재를 체험하는 것은 생활 속에서 절친한 친구들과의 교제를 경험하는 것에 비유될 수 있다. 심지어 우리는 아브라함, 모세, 또는 솔로몬이 하나님과 나누었던 교제보다 훨씬 더 깊은 교제를 경험할 수도 있다.

여호와의 말씀이니라 너희를 향한 나의 생각을 내가 아나니 평안이요 재앙이 아니니라 너희에게 미래와 희망을 주는 것이니라 너희가 내게 부르짖으며 내게 와서 기도하면 내가 너희들의 기도를 들을 것이요 너희가 온 마음으로 나를 구하면 나를 찾을 것이요 나를 만나리라 렘 29:11-13

우리가 그 안에서 그를 믿음으로 말미암아 담대함과 확신을 가지고 하나님께 나아감을 얻느니라 엡 3:12

나를 사랑하는 자들이 나의 사랑을 입으며 나를 간절히 찾는 자가
나를 만날 것이니라 잠 8:17

영생은 곧 유일하신 참 하나님과 그가 보내신 자 예수 그리스도를 아
는 것이니이다 요 17:3

성경은 너무나 분명히 밝힌다. 우리가 하나님을 가까이 할 때 그
분도 우리를 가까이 하신다고!

우리의 일천번제는 무엇인가?

우리는 어떻게 하나님을 가까이 할 수 있을까? 어렵게 생각할 것
없다. 하나님께 우리의 주(Lord)와 구주(Savior)가 되어달라고 소
리치는 것이 그 첫걸음이다. 예수님의 죽으심과 부활로 인해 이제
더 이상의 희생제사는 필요 없게 되었다. 하나님과 우리 사이를 가
로막고 있던 벽은 예수님의 공로로 허물어졌다. 그러나 성경은 우
리가 하나님의 은혜에 감사하는 것으로 그분께 제사를 드릴 수 있
다고 가르친다.

그러므로 우리는 예수로 말미암아 항상 찬송의 제사를 하나님께 드리

자 이는 그 이름을 증언하는 입술의 열매니라 오직 선을 행함과 서로 나누어 주기를 잊지 말라 하나님은 이 같은 제사를 기뻐하시느니라

히 13:15,16

우리가 하나님을 찬양하고 그분께 감사하는 것이 곧 그분께 제사(희생)를 드리는 것이다. 또한 우리가 선을 행하고 하나님께 받은 복을 다른 사람들에게 나누어주면 그것이 곧 그분께 제사를 드리는 것이다.

우리가 행위가 아니라 예수님을 주와 구주로 믿는 믿음을 통해 구원을 얻는 것은 분명한 사실이다. 하지만 우리는 우리의 선한 행위를 '사랑의 제물'로 하나님께 드릴 수 있다. 이 점에 대해 구세군의 창설자 윌리엄 부스(William Booth, 1829~1912)는 이렇게 말했다.

"믿음과 행위는 나란히 가야 한다. 걸어가는 사람의 두 다리가 서로 교대로 화답하면서 앞으로 전진하듯이 말이다. 먼저 믿음이 있고, 그 다음에 행위가 있다. 그런 다음 다시 믿음이 있고 다시 행위가 따른다. 이런 과정이 계속 반복되다 보면 어느 것이 믿음이고 어느 것이 행위인지 구별하기 힘들 정도까지 이르게 된다."

그렇다! 맞는 말이다! 그렇기 때문에 그리스도인의 삶이 종종 '그리스도인의 발걸음'(the Christian walk)라고 표현되는 것 같다.

물론, 영적 제사를 몇 번 드려야 하나님께서 만족하신다는 법칙

은 없다. 하지만 믿음대로 사는 것이 그분께 풍성한 영적 제사를 드리는 것임에도 불구하고 우리는 너무나 자주 믿음대로 살지 못하고 있다. 우리는 "하나님께서 먼저 내게 손을 내미시면 내가 화답할 수 있을 텐데…"라고 말하곤 한다. 그러나 분명히 명심하라. 그분은 이미 손을 내미셨다. 그분의 아들을 보내신 것이 손을 내미신 것이다. 요한일서 4장 19절은 "우리가 사랑함은 그가 먼저 우리를 사랑하셨음이라"고 가르친다. 그러므로 이제는 우리가 하늘의 보좌에 앉아 계신 그분을 볼 때까지 전심으로 그분을 찾아야 할 때이다.

이제 그분을 찾는 여행을 시작할 준비가 되었는가? 그분이 솔로몬에게 나타나셨듯이 당신에게도 나타나시기를 간절히 원하는가? 만일 그렇다면 다음과 같이 기도함으로 이 여행의 첫걸음을 내디딜 수 있을 것이다.

하나님을 찾는 기도

아버지여!
아버지께서 말씀을 통하여 약속하신 대로
제가 아버지를 알기를 원합니다.

예수님을 보내사 저를 구원하시고

성령님을 보내사 아버지의 지혜로 저를 인도하신 것을 감사합니다.

제가 아버지를 알기 원하는 것보다 더욱 간절히,

아버지께서 저를 알기 원하시는 것을 감사합니다.

날마다 저에게 베푸시는 사랑에 감사합니다.

아버지여, 저는 아버지의 사랑 가운데 행하기를 원합니다.

아버지께서 제 평생에 이루도록

제 마음에 심어주신 모든 일을 이룰 수 있는 지혜가

저에게는 없습니다.

날마다, 발걸음마다 저를 인도해주지 않으시면

저는 한 걸음도 나아갈 수 없습니다.

아버지께서 저에게 심어주신 꿈을 이룰 수 있도록 돕겠다고

말씀을 통해 약속해주셔서 감사합니다.

저는 아버지께서 약속하신 그대로 이루실 것이라고 확신합니다.

아버지여, 제가 이 책을 읽으며 솔로몬처럼 아버지를 찾습니다.

이럴 때 저는 아버지께서 솔로몬에게 응답하여 나타나신 것처럼

제게도 응답하여 나타나시기를 간구합니다.

제 삶을 향한 아버지의 계획과 목적을 더욱 분명히 보여주소서.

그리고 제게 보여주신 모든 것을 이룰 수 있는 지혜를 허락하소서.

아버지를 찬양하며 아버지께 감사합니다.

여디디야 **1** 삶의 비결

하나님을 찾는다

하나님을 찾는 것을 삶의 최우선 과제로 삼으라. 그분을 경배하고 그분의 인도를 구하라.

솔로몬은 그의 일상적인 과업들을 뒤로 미룬 채 시간을 내어 하나님을 경배하고 그분의 인도하심을 구했다. 어쩌면 당신은 복잡하고 분주하게 돌아가는 일상생활을 지금 당장 박차고 나올 수는 없을 것이다. 하지만 그렇다 할지라도 당신이 좋아하는 TV 프로그램을 포기하고 시간을 내어 그분의 말씀을 읽을 수는 있을 것이다. 30분 정도 조용한 곳을 걸으며 기도하고 그분의 인도하심을 구할 수는 있을 것이다.

당신이 그분을 가장 소중히 여기고 그분의 인도를 간절히 원한다고 고백할 수 있는 여러 가지 방법들을 생각해보라.

지식을 불러 구하며 명철을 얻으려고 소리를 높이며
은을 구하는 것같이 그것을 구하며
감추어진 보배를 찾는 것같이 그것을 찾으면
여호와 경외하기를 깨달으며 하나님을 알게 되리니

잠언 2장 3-5절

감사

- 받은 혜택에 고마워하다, 고마워하는 마음을 표현하다

그리스도의 말씀이 너희 속에 풍성히 거하여 모든 지혜로 피차 가르치며 권면하고 시와 찬송과 신령한 노래를 부르며 감사하는 마음으로 하나님을 찬양하고 (골 3:16)

은혜

- 우리를 거듭나게 하거나 거룩하게 하기 위해 하나님께서 거저 베푸신 호의, 하나님의 도우심으로 인하여 우리가 누리는 거룩한 상태
- 친절, 예의바름, 또는 관대함을 보여주는 행위나 경우. 또는 이런 행위로 쉽게 기울어지는 성향

그러나 이 은사는 그 범죄와 같지 아니하니 곧 한 사람의 범죄를 인하여 많은 사람이 죽었은즉 더욱 하나님의 은혜와 또한 한 사람 예수 그리스도의 은혜로 말미암은 선물은 많은 사람에게 넘쳤느니라 (롬 5:15)

찾다/구하다

- 누군가를 의지하다, 누군가에게 가다, 누군가를 찾아 나서다

곤고한 자가 이를 보고 기뻐하나니 하나님을 찾는 너희들아 너희 마음을 소생하게 할지어다 (시 69:32)

솔로몬이 이르되
주의 종 내 아버지 다윗이
성실과 공의와 정직한 마음으로
주와 함께 주 앞에서 행하므로
주께서 그에게 큰 은혜를 베푸셨고
주께서 또 그를 위하여
이 큰 은혜를 항상 주사
오늘과 같이 그의 자리에 앉을 아들을
그에게 주셨나이다

열왕기상 3장 6절

THE
PRAYER
of
SOLOMON

chapter 2

확신 안에서 기도하라

솔로몬이 어렸을 때, 다윗 왕의 식탁에서 항상 식사를 하는
한 사람이 있었다. 솔로몬은 그를 보며 그가 왜 늘 왕의 식탁에서
식사를 하는지 의문을 품었을지도 모른다.

'무슨 사연이 있을까? 이 사람은 다리를 쓸 수 없는 사람이야. 그
는 왜 걸을 수 없게 되었을까? 전쟁터에서 다윗 왕을 지키려다 부상
을 당했기 때문에 지금 이렇게 왕의 식탁에서 먹는 영광을 누리는 것
일까? 아니면 단순히 왕이 이 사람을 동정했기 때문일까?'

결국 솔로몬은 사연을 알게 되었다.

그 사람은 아버지의 절친한 친구 요나단의 아들 므비보셋이었다.
요나단의 아버지, 즉 이스라엘의 초대 왕 사울은 다윗을 죽이려고

끊임없이 시도했었다. 사울과 요나단이 전쟁 중에 죽었을 때 므비보셋은 다섯 살이었다. 다윗이 이스라엘 왕위에 오를 것으로 예상되는 상황에서 사울의 종들은 다윗이 자기들과 므비보셋을 모두 죽일 것이라고 판단하여 서둘러 예루살렘을 빠져나갔다. 그렇게 정신없이 도망가는 중에 유모가 므비보셋을 떨어뜨려 그는 다리에 심한 부상을 입었다.

다윗이 왕으로 자리를 잡고 몇 년의 세월이 흐른 뒤, 그는 요나단과 관련된 사람에게 은총을 베풀고자 했다. 그러던 중 요나단의 아들이 아직 살아 있다는 사실을 알고 즉시 그를 데려오라고 명령했다. 다윗은 사울의 모든 땅을 므비보셋에게 돌려주고, 평생 그가 왕의 식탁에서 왕의 손님으로서 식사할 수 있도록 했다.

이런 과정을 지켜본 솔로몬은 의아하게 생각했을 것이다.

'아무런 공적도 세운 적이 없는 이 사람이 전쟁에서 다윗과 함께 목숨을 걸고 싸운 전사보다 더 복을 받는 이유는 무엇일까?'

므비보셋은 다른 사람 때문에 복을 받은 사람이었다. 그런데 다른 사람 때문에 복을 받을 수도 있다는 법칙이 적용된 또 다른 경우가 바로 솔로몬 자신이었다.

어린 솔로몬이 성장함에 따라 그는 사람들이 자기 어머니에 대해 수군거리는 것을 들었을 것이다. 그가 어머니의 손을 잡고 어딘가로 가면 사람들이 갑자기 대화를 멈추고 경멸과 조롱의 눈초리로 바라보는 것을 느꼈을 것이다. 결국 그는 그 이유에 대해 어머니에게 물었을 것이고, 그의 어머니 밧세바는 그가 숨겨진 사연을 알아도 될 만큼 나이를 먹었을 때 옛 이야기를 들려주었을 것이다. 즉 그녀는 자기가 어떻게 왕비가 되었는지를 이야기해주었을 것이다.

밧세바와 다윗 왕의 관계는 불륜으로 시작되었다. 다윗은 그녀의 임신 사실을 감추기 위해 그녀의 남편이 전쟁터에서 살해되도록 일을 꾸몄다. 다윗이 그녀를 왕비로 맞아들인 후에 아이가 태어났지만, 모든 사실을 알고 계셨던 하나님은 선지자 나단을 보내 그의 죄를 책망하셨다. 다윗이 베옷을 입고 재 가운데 회개했지만, 그 아이 즉 솔로몬의 형이 될 뻔한 아이는 죽었다. 다윗의 범죄 때문에 그 아이 외에도 그의 아들 둘이 더 죽었는데, 그중 하나는 아버지 다윗에게 반란을 일으켰다가 죽었다.

그러나 이야기는 여기에서 끝나지 않았다. 하나님은 다윗과 밧세바에게 용서와 은혜도 베푸셨다. 아마 그녀는 솔로몬에게 이렇게 말했을 것이다.

"얘야, 우리의 하나님은 공의의 하나님이실 뿐만 아니라 자비의 하나님이시란다. 네 아버지와 엄마의 관계 때문에 죽음과 고난이 임한 것은 사실이지만, 하나님은 네 아버지를 깊이 사랑하시고 또 네 아버지는 나를 깊이 사랑한단다. 우리 하나님은 구원의 하나님이시지. 네가 태어났을 때 나단 선지자가 우리를 찾아와 하나님의 말씀을 전해주었단다. 하나님은 네 이름을 여디디야, 즉 '여호와께 사랑을 받은 자'라고 하라고 말씀하셨어. 내 아들아, 너는 네 형들을 모두 제치고 이스라엘의 다음 왕이 될 거야. 죄가 넘쳤던 곳에 이제는 은혜가 더욱 넘친단다.

어떤 사람들은 네 아버지의 실수만 보고 그를 판단하지만, 하나님은 그를 용서하셨단다. 네 아버지는 언제나 빨리 회개하고 하나님의 뜻을 따르고 그분의 일에 헌신적이었기 때문이야. 하나님께서는 네 아버지를 보실 때 죄를 보지 않으시고, 하나님을 기쁘게 해드리기를 갈망하는 그의 마음을 보신단다. 하나님은 어떤 개인적인 대가를 치르더라도 그분의 명령을 끝까지 따르는 성실하고 충성스런 다윗을 보신다는 말이지. 이것이 바로 네가 물려받은 신앙적 유산이란다. 네가 이 유산을 잘 지키면 큰 복을 받을 거야."

우주의 창조주이신 하나님께서 솔로몬에게 "내가 네게 무엇을 줄꼬 너는 구하라"(왕상 3:5)라고 말씀하셨을 때 솔로몬의 첫 반응은, 그의 아버지 다윗이 성실과 정직으로 하나님 앞에서 행했기 때문에 자기가 은혜를 입어 이스라엘의 왕이 되었다는 사실을 인정하는 것이었다.

솔로몬이 이르되 주의 종 내 아버지 다윗이
성실과 공의와 정직한 마음으로

주와 함께 주 앞에서 행하므로

주께서 그에게 '큰 은혜'를 베푸셨고

주께서 또 그를 위하여 이 큰 은혜를 항상 주사

오늘과 같이 그의 자리에 앉을 아들을 그에게 주셨나이다

왕상 3:6

하나님께서 솔로몬에게 무엇이든 원하는 것을 주겠다고 말씀하셨을 때, 그는 자기에게 공로가 없다는 것을 우선 인정하였다. 다시 말해서 그는 자기의 본질이나 행위 때문에 하나님이 그런 제안을 하시는 것이 아님을 잘 알고 있다고 인정한 것이다. 그의 아버지 다윗 때문에, 그리고 다윗이 하나님과 맺었던 관계 때문에 하나님께서는 솔로몬에게 복을 주시려 했다. 솔로몬은 자기가 므비보셋처럼 자기 자신 때문이 아니라 다른 사람 때문에 복을 받았다는 것을 잘 알고 있었다.

관계의 문제

'큰 은혜'로 번역된 히브리어는 '헤세드'(chesed)이다. 구약에서 이 단어는 계약 당사자들 사이의 적극적 선의와 상호 축복의 태도를 표현하기 위해 자주 사용되었다. 그리고 남편과 아내, 혼인으로

맺어진 두 집안, 또는 절친한 친구들 사이의 상호 축복의 감정과 의무를 표현하는 데도 사용되었다.

전통적 결혼서약은 두 사람 사이에서 발생할 수 있는 가장 강력한 연합의 맹세이다. 결혼식 때 신랑과 신부는 다음과 같은 서약을 통해 그들의 미래를 하나로 묶어버린다.

"하나님의 거룩한 뜻에 따라 나는 죽음이 우리 두 사람을 갈라놓을 때까지 즐거울 때나 슬플 때나 부유할 때나 가난할 때나 건강할 때나 병든 때나 서로를 아끼며 사랑할 것을 서약합니다."

여기에서 "나는 … 서약한다"라는 말에는 "나는 당신에게 엄숙히 맹세하는 바이며, 당신도 나처럼 맹세할 것을 믿는다"라는 뜻이 담겨 있다. 미래가 어떻게 될지 모르지만 신랑과 신부는 평생 공동운명체로 살아갈 것을 선포한다. 어떤 결과가 닥칠지 모르지만 그들은 온 힘을 다해 서로를 보호하고 부양하며 지지할 것을 약속한다.

'결혼'이라는 계약을 인(印) 치는 것이 결혼반지이다. 동그란 반지는 끝나는 부분이 없기 때문에 결혼 계약의 영구적 효력을 상징한다. 예수님은 "그런즉 이제 둘이 아니요 한 몸이니 그러므로 하나님이 짝지어 주신 것을 사람이 나누지 못할지니라"(마 19:6)고 선언하셨다.

요나단은 다윗과 우정을 맺은 후 얼마 지나지 않아 다윗에게 다섯 개의 상징적인 선물을 주었다.

다윗이 사울에게 말하기를 마치매

요나단의 마음이 다윗의 마음과 하나가 되어

요나단이 그를 자기 생명같이 사랑하니라 …

요나단은 다윗을 자기 생명같이 사랑하여

더불어 언약을 맺었으며

요나단이 자기가 입었던 겉옷을 벗어 다윗에게 주었고

자기의 군복과 칼과 활과 띠도 그리하였더라

삼상 18:1,3,4

각각의 선물은 나름대로 상징적인 의미를 지녔다. 이 성경 본문에 근거하여 우리는 요나단이 다윗에게 이렇게 말했을 것이라고 상상해볼 수 있다.

"내가 네게 겉옷을 주는 것은 내게 여분의 겉옷이 있는 한 그것을 네게 준다는 것을 의미한다. 네게 군복을 주는 것은 내가 보호받는 한 너도 보호받는다는 것을 의미한다. 내 칼은 네 원수를 공격할 수 있는 네 칼이기도 하다. 내 활은 나의 힘과 기술이 네 필요에 따라 사용할 수 있는 네 힘과 기술이란 것을 상징한다(요나단은 활쏘기에 매우 능한 사람이었다). 내 띠는 내가 진정으로 너를 돕고 언제나 너를 지지할 것임을 상징한다."

이토록 깊은 요나단과의 우정이 있었기 때문에 다윗은 왕이 되었을 때 므비보셋을 찾아서 큰 은혜를 베풀었던 것이다.

솔로몬은 그의 아버지 다윗과 하나님 사이의 관계 때문에 자기가 그토록 복을 받고 있다는 것을 깨달았다. 솔로몬이 하나님께 무엇을 구하든 하나님은 허락하실 것인데, 그 이유는 바로 그의 아버지 다윗 때문이었다. 다윗 때문에 솔로몬은 만왕의 왕이신 하나님 앞에 서서 자기가 원하는 것을 아뢸 수 있었던 것이다.

예수님의 이름으로 기도하는 것, 그 의미

그리스도인으로서 우리는 솔로몬의 태도를 본받아야 한다. 더더욱 그래야 하는 것은 우리와 하나님 사이의 계약이 솔로몬과 하나님 사이의 계약보다 더 크기 때문이다.

예수님은 십자가를 지시기 전날 밤 이렇게 말씀하셨다.

이제부터는 너희를 종이라 하지 아니하리니 종은 주인이 하는 것을 알지 못함이라 너희를 친구라 하였노니 내가 내 아버지께 들은 것을 다 너희에게 알게 하였음이라 요 15:15

그분은 또한 이렇게 말씀하셨다.

그 날에는 너희가 아무것도 내게 묻지 아니하리라 내가 진실로 진실로 너희에게 이르노니 너희가 무엇이든지 아버지께 구하는 것을 내 이름으로 주시리라 지금까지는 너희가 내 이름으로 아무것도 구하지 아니하였으나 구하라 그리하면 받으리니 너희 기쁨이 충만하리라 요 16:23,24

그리고 요한복음 17장 26절에서는 이렇게 말씀하셨다.

내가 아버지의 이름을 그들에게 알게 하였고 또 알게 하리니 이는 나를 사랑하신 사랑이 그들 안에 있고 나도 그들 안에 있게 하려 함이니이다 요 17:26

이때까지 예수님과 제자들의 관계는 주인과 종의 관계였지만, 이제부터는 달라질 것이란 말씀이었다. 예수님과 제자들의 관계는 다윗과 요나단의 경우처럼 서로가 상대방의 성공을 위해 노력할 것을 맹세하는 계약 관계로 들어갈 것이었다. 예수님은 제자들 각자에게 그들이 이루어야 할 과업과 소명, 계획을 부여하기 원하셨다. 그렇기 때문에 예수님은 그들이 성공할 수 있도록 그분의 지혜, 선견지명, 능력, 권세와 같은 모든 자원을 그들에게 허락하셨다.

이제 예수님은 하나님의 나라가 이 땅에 임하도록, 즉 "(그분의)

뜻이 하늘에서 이루어진 것같이 땅에서도 이루어지도록"(마 6:10) 하늘의 문을 활짝 열기 위해 십자가를 지실 것이었다. 그렇기 때문에 주님은 그분과 끊임없이 교제하면서 그분의 목적과 계획을 이루기 위해 열심히 노력할 친구들과 동역자들을 찾고 계셨다.

예수님을 따르는 자들은 하나님과 계약을 맺는다. 하지만 거기에서 끝나는 것이 아니라, 그들은 예수님의 이름으로 기도할 수 있는 권세를 얻는다. 어떤 의미에서 솔로몬은 그의 아버지의 이름으로 기도한 것이었다. 그러므로 그의 기도에는 이런 뜻이 담겨 있다.

"하나님, 하나님은 제 아버지 다윗을 매우 사랑하셨습니다. 그렇기 때문에 하나님께서 지금 여기에서 저를 만나주시는 것임을 제가 잘 압니다."

우리가 예수님의 이름으로 기도할 때, 거기에는 대략 이런 의미가 담겨 있다고 볼 수 있다.

"하나님! 하나님께서 우리의 기도를 들으시는 것은 예수님 때문입니다. 하나님이 예수님의 성실하심과 그분의 의(義)와 마음의 정직함을 보시고 우리의 기도를 들으시는 것입니다."

흔히 우리는 기도를 끝내면서 "예수님의 이름으로 기도합니다"라고 하는데, 오히려 기도를 시작하면서 이렇게 고백하는 것이 옳을지도 모른다. 아무튼 중요한 것은 우리가 기도할 때마다 히브리서의 이 말씀을 기억해야 한다는 것이다.

그러므로 우리에게 큰 대제사장이 계시니 승천하신 이 곧 하나님의 아들 예수시라 우리가 믿는 도리를 굳게 잡을지어다 우리에게 있는 대제사장은 우리의 연약함을 동정하지 못하실 이가 아니요 모든 일에 우리와 똑같이 시험을 받으신 이로되 죄는 없으시니라 그러므로 우리는 긍휼하심을 받고 때를 따라 돕는 은혜를 얻기 위하여 은혜의 보좌 앞에 담대히 나아갈 것이니라 히 4:14-16

이성적 이해를 초월하는 구원

다윗이 죽을 날이 가까웠다는 소식이 퍼지자 다윗 궁의 어떤 사람들은 그의 아들 아도니야를 왕위에 옹립할 준비를 했다. 그러나 하나님은 다른 계획을 갖고 계셨다.

이미 앞에서 말했듯이, 다윗과 밧세바의 관계는 불륜으로 시작되었고 다윗은 그녀의 남편을 살해했다. 하지만 그럼에도 불구하고 하나님께서는 다윗과 밧세바의 결혼을 인정해주셨다. 여기서 한 걸음 더 나아가 하나님은 여러 세대 후에 예수님이 그들 사이에서 태어난 아들의 후손으로 이 땅에 오시도록 허락하셨다. 이것은 너무나 놀라운 사실이다! 기독교의 박해자 사울이 사도 바울로 변한 경우를 제외한다면 이것이야말로 하나님의 용서가 구원의 열매를 맺는다는 진리를 성경에서 가장 극명하게 보여주는 경우이다.

일부 성경 해석가들은 선지자 나단과 밧세바의 정치적 수완 때문에 솔로몬이 왕위에 오를 수 있었다고 말하지만, 성경은 하나님께서 솔로몬을 택하셨다고 분명히 증거한다. 다윗의 아들들 중에서 하나님께 특별한 이름을 받은 사람은 오직 솔로몬뿐이었다.

하나님께서 기브온에서 솔로몬에게 나타나 그의 소원이 무엇이든 들어주겠다고 말씀하신 것 자체가 솔로몬의 왕권을 인정하신 것이다. 그리고 예수님이 솔로몬의 후손으로 이 땅에 오신 것 역시 그의 왕권의 정당성을 입증한다.

이것들을 종합해볼 때, 우리는 하나님께서 오직 솔로몬을 다윗의 후계자로 정하셨다고 결론 내릴 수밖에 없다. 다윗은 지극히 큰 죄를 범했지만, 하나님은 악을 선으로 바꾸사 그를 향한 그분의 최고의 약속을 성취하시는 첫 단계를 이루셨다. 즉 그분은 다윗의 후손이 영원히 이스라엘의 왕으로 다스릴 것이라는 약속의 첫 단계를 이루신 것이다.

솔로몬보다 더 떳떳하게 왕위를 이을 아들들이 다윗에게 있었음에도 불구하고 하나님께서는 다윗을 사랑하셨기에 솔로몬을 왕으로 만들어주셨다. 솔로몬이 이것을 깨달았을 때 얼마나 감격했겠는가!

그렇다면 우리의 경우는 어떤가? 아무 공로 없는 우리가 우리의 구하는 것이나 생각하는 것보다 훨씬 더 많은 것을 하나님께 받는 것을 어떻게 이해해야 하는가?

그러나 분명한 것은, 거듭난 사람들은 그것을 이해할 수 있다는 것이다.

왕의 자녀로서 기도하라

하나님 아버지와의 계약에서 예수님이 우리의 대표가 되시기 때문에 우리가 복을 받는다는 사실을 깨닫는다면 기도에 임하는 우리의 자세는 바뀔 수밖에 없다. 솔로몬은 자신의 소원을 말씀드리기 전에 다윗을 향했던 하나님의 한결같은 사랑을 찬양했다. 왜냐하면 그 사랑 때문에 지금 그가 복을 받고 있었기 때문이다.

우리도 마찬가지이다. 하나님이 우리의 기도를 들으시고 응답하시는 것은 우리의 본질이나 행위 때문이 아니라 예수님의 성실하심과 공의와 공로 때문이다. 우리가 담대해질 수 있는 것은 오직 그리스도 덕분이다.

우리가 예수님을 주와 구주로 영접할 때, 그분 때문에 우리에게 하나님의 사랑이 주어지는데, 이 사랑은 예수님을 향한 하나님의 사랑과 똑같은 사랑이다. 그러므로 예수님을 영접할 때 우리는 이 땅에서 그분의 대리적 존재로서 천국의 모든 복을 얻을 수 있게 된다.

그를 향하여 우리가 가진 바 담대함이 이것이니 '그의 뜻대로' 무엇을 구하면 들으심이라 우리가 무엇이든지 구하는 바를 들으시는 줄을 안즉 우리가 그에게 구한 그것을 얻은 줄을 또한 아느니라 요일 5:14,15

이 말씀에서처럼 우리가 '그의 뜻대로' 기도할 때, 우리가 종종 범하는 한 가지 잘못이 있다. 그것은 예수님이 아버지께 담대히 나아갈 수 있는 권리를 마련해주셨다는 것을 인정하지 않는 것이다. 우리는 무엇을 구하기 위해 하나님께 나아갈 때 감사와 겸손의 문을 통과해야 한다는 것을 솔로몬에게서 배워야 한다. 하나님께 무언가를 구할 수 있는 권리가 우리의 공로 때문이 아니라 예수님의 공로 때문에 주어진 것이기 때문이다.

누가 정죄하리요 죽으실 뿐 아니라 다시 살아나신 이는 그리스도 예수시니 그는 하나님 우편에 계신 자요 우리를 위하여 간구하시는 자시니라 누가 우리를 그리스도의 사랑에서 끊으리요 환난이나 곤고나 박해나 기근이나 적신이나 위험이나 칼이랴 롬 8:34,35

그리스도와 교제를 나눌 수 있는 이런 특권을 경시하는 것은 그것을 우리에게 주시기 위한 주님의 고난과 공로를 무시하는 것이다. 만일 솔로몬이 이스라엘의 왕위를 거부했다면, 그것은 그 왕위를 얻고 공고히 하기 위한 아버지 다윗의 노력을 아무것도 아닌 일로 만들어버리는 행동이 되었을 것이다.

기도는 모든 사람들이 들으라고 미사여구(美辭麗句)를 늘어놓는 행위가 아니다. 기도는 하나님의 자녀가 마음속 깊은 곳에 있는 것들을 그분께 말씀드리는 대화이다.

당신의 기도는 감사와 믿음으로 충만한가, 아니면 다른 수단을 다 써본 후에 택한 마지막 선택인가? 기도 중에 당신은 오직 당신에게 필요한 것과 당신이 원하는 것만을 말씀드리는가, 아니면 이 땅에서 하나님의 나라를 확장하기 위한 당신의 책임과 소명에 대해 말씀드리는가?

당신은 절망감에 사로잡혀 "하나님께서 나의 기도를 듣고 관심을 가지실 것인가?"라는 의구심 속에서 기도하는가, 아니면 당신이 예수님의 이름으로 기도하기 때문에 하나님께서 당신의 기도에 최우선적으로 관심을 가지신다는 것을 알고 기도하는가? 당신은 하루를 겨우 버틸 수 있는 것을 얻는 데 만족하는 거지처럼 기도하는가, 아니면 왕의 아들과 딸로서 감사하며 기도하는가?

🌀 언약의 기도

아버지여!

하나님과 저와의 계약의 대표자로서

하늘을 향해 희생을 올리신 그리스도의 공로 때문에

제가 그리스도 안에 거하는 특권을 얻게 되었으니 감사합니다.

또한 그분의 이름으로 아버지께 기도하고 저의 소원을 아뢰어

이 땅에서 저의 기쁨을

충만케 할 수 있는 권리를 주셨으니 감사합니다.

아버지께서 먼저 저를 사랑하사

예수님을 이 땅에 보내어 저를 구속하셨기 때문에

제가 아버지를 사랑하고 아버지께 기도할 수 있습니다.

주여,

이것에 대해 저는 말로 표현할 수 없을 정도로 깊이 감사합니다.

제가 올바로 기도할 수 있도록 기도를 가르쳐주소서.

기도의 능력이 얼마나 큰지,

그리고 제가 무엇을 위해 기도해야 할지를

아버지의 말씀을 통하여 제게 가르쳐주소서.

저의 소명을 알게 하시고,

아버지께서 저를 이 땅에 보내신 목적을 깨닫게 하소서.

그리하여 저를 향한

아버지의 계획을 이루어드릴 수 있도록 하옵소서.

성자(聖子) 예수님께서 저를 위해 이루신 일로 인하여

제가 아버지의 약속 안에 살며

기도를 통해 아버지의 보좌로

나아갈 수 있는 것에 감사합니다.

이것이 얼마나 큰 은혜인지를 잊지 않게 하소서.

이렇게 큰 복을 경시하는 잘못을 범하지 않게 하소서.

확신을 가지고 기도한다

솔로몬은 그의 아버지 다윗과 하나님 사이의 관계 때문에 자기에게 하나님의 복이 임했다는 것을 잘 알고 있었다. 하나님은 다윗 때문에 솔로몬을 받아들이고 그에게 복을 주셨다.

당신이 그리스도인이라면, 하나님은 예수님 때문에 당신을 받아들이고 복을 주신다. 하나님은 당신이 완전해질 수 없다는 것을 아셨다. 그렇기 때문에 예수님께서 당신 대신 완전한 삶을 사셨다. 하나님께서 인정하신 예수님의 공로가 당신의 것으로 인정되기 때문에, 이제 당신은 하나님의 보좌 앞으로 나아가 당신의 소원을 아뢸 수 있다. 그러나 그렇다고 해서 죄를 마음대로 지을 수 있는 방종이 허락된 것은 결코 아니다. 오히려 당신은 겸손한 마음으로 그분이 이루신 모든 것에 대해 감사해야 한다.

당신은 자유롭고 확신에 찬 마음으로 하나님 앞에 나아가 당신의 절박한 현실, 당신의 고민과 갈등, 그리고 당신이 내린 결정에 대해 아뢰며 기도하는가?

그러므로 형제들아 우리가 예수의 피를 힘입어 성소에 들어갈 담력을 얻었나니
… 우리가 마음에 뿌림을 받아 악한 양심으로부터 벗어나고
몸은 맑은 물로 씻음을 받았으니 참 마음과 온전한 믿음으로 하나님께 나아가자

히브리서 10장 19,22절

계약/언약

- 대개의 경우, 공식적이고 진지하고 구속력 있는 약속
- 여호와와 그분의 택한 백성 사이의 사랑과 충성의 관계

너희는 귀를 기울이고 내게로 나아와 들으라 그리하면 너희의 영혼이 살리라 내가 너희를 위하여 영원한 언약을 맺으리니 곧 다윗에게 허락한 확실한 은혜이니라 (사 55:3)

**용서하다/
탕감하다**

- 다른 사람에게 당한 것에 대해 더 이상 분노하지 않거나 보복하지 않는 것, 부채 등을 탕감해주는 것
- 원한을 품지 않는 것

이는 하늘이 땅에서 높음같이 그를 경외하는 자에게 그의 인자하심이 크심이로다 동이 서에서 먼 것같이 우리의 죄과를 우리에게서 멀리 옮기셨으며 (시 103:11,12)

솔로몬이 이르되
주의 종 내 아버지 다윗이
성실과 공의와 정직한 마음으로
주와 함께 주 앞에서 행하므로
주께서 그에게 큰 은혜를 베푸셨고
주께서 또 그를 위하여
이 큰 은혜를 항상 주사
오늘과 같이 그의 자리에 앉을 아들을
그에게 주셨나이다

열왕기상 3장 6절

THE
PRAYER
of
SOLOMON

한결같은 자의 기도를 기뻐하신다

당시 일이 어떻게 진행되었는지 상상해보자. 어린 솔로몬은 어머니 밧세바와 함께 불안한 마음으로 궁전의 회의실로 들어갔을 것이다. 사실 그의 아버지 다윗이 시간을 내어 그를 만나는 일은 흔하지 않았다. 하지만 그날은 특별히 자기 아들을 만나기 원했다.

잠을 별로 자지 못한 다윗은 피곤하고 수척해 보였다. 그의 겉옷의 목 부분은 여전히 찢겨 있었고, 그의 뺨은 눈물로 젖어 있었다. 압살롬의 반역 때문에 이스라엘 왕국이 소용돌이 속에 빠졌었지만, 이제는 다윗과 남은 가족들이 예루살렘으로 돌아와 왕궁을 되찾았다.

그러나 결코 기뻐할 수는 없는 상황이었다. 다윗의 아들이자 솔로몬의 형들 중 하나인 압살롬이 죽었기 때문이다.

큰 슬픔 중에도 다윗은 고개를 돌려 솔로몬을 보며 미소를 지었다. 그리고 "내 아들아!"라고 부르며 그를 품에 안았다.

다윗은 솔로몬에게 의자에 앉으라고 말했다. 이 의자는 다윗이 종종 보좌관들의 조언에 대해 곰곰이 생각할 때 사용하는 의자였다. 솔로몬 앞을 왔다 갔다 하던 다윗이 말문을 열었다. 그 자리는 꼭 압살롬에게 가르치지 못한 것들을 모두 솔로몬에게 한꺼번에 가르치려는 자리 같았다. 그가 이렇게 가르친 것은 자기에게 반역하는 아들이 또 생길까봐 두려웠기 때문이 아니라, 솔로몬이 제대로 살다가 언젠가 왕위를 물려받기를 바랐기 때문이다.

솔로몬은 몸을 앞으로 구부리며 그의 아버지를 계속 쳐다보았다. 훗날 그는 그의 아버지가 가르친 모든 것을 기억하여 기록했으며, 그렇게 탄생한 것이 잠언이다.

아들들아 아비의 훈계를 들으며 명철을 얻기에 주의하라
내가 선한 도리를 너희에게 전하노니 내 법을 떠나지 말라 …
아버지가 내게 가르쳐 이르기를
내 말을 네 마음에 두라
내 명령을 지키라 그리하면 살리라

잠 4:1,2,4

아마도 이런 날들이 또 있었을 것이다. 그런 날들의 다윗의 교훈이 솔로몬의 가슴에 비수처럼 박혀 훗날 그의 통치와 저술의 기초가 되었을 것이다.

그러나 그런 날들이 있었다 할지라도 솔로몬에게 가장 큰 영향을 미친 날은 바로 이 첫 날, 즉 다윗의 성실한 삶의 모범에서 우러나온 교훈이 전달된 그날이었을 것이다.

하나님을 향한 열정

성경에 상세히 묘사되는 인물을 들 때 빠질 수 없는 사람이 바로 다윗이다. 성경에는 인간 다윗의 단점과 장점이 매우 자세히 기록되어 있다. 마치 우리의 단점에도 불구하고 우리 역시 위대한 신앙인이 될 수 있다는 것을 가르치시기 위해 다윗의 이야기를 그토록 자세히 기록하신 게 아닐까 하는 생각이 들 정도이다.

하나님께서는 다윗의 어떤 점을 그토록 기뻐하셨을까?

다윗은 전사(戰士)요, 음악가요, 시인이요, 또한 간음한 사람이었다. 그는 칼로 다스렸다. 때때로 자기의 권세를 믿고 자만에 빠지기도 했다. 공개적으로 반란을 일으킬 정도로 못된 아들을 둔 실패한 아버지 같기도 하다. 권장할 만한 경건한 특징이 별로 없는 사람처럼 보이기도 한다. 그러나 하나님께서는 그의 어떤 점을 기뻐하셨고, 솔로몬도 그것을 자기 마음에 새겼다.

다윗을 한 마디로 표현하라면 '열정'이란 단어로 표현할 수 있을 것 같다. 그는 하나님을 향한 열정에 불타는 삶을 살았고, 하나님을 대적하는 원수들과는 열정적으로 싸웠다. 그리고 찬양과 경배와 회개로 가득한 열정적인 시편을 썼다. 그는 다른 사람의 아내를 향한 열정 때문에 넘어졌지만, 죄를 지적받았을 때 하나님 앞에서 회개하는 열정을 가졌기 때문에 다시 일어섰다.

그는 하나님께서 그분의 백성 가운데 영원히 거하실 수 있는 성전을 예루살렘에 짓겠다는 열정을 품었다. 자기 생전에 성전을 지을 수 없다는 것을 알았을 때도 그는 미래의 성전 건축을 위해 넘치도록 준비를 해놓는 열정에 불탔다. 그의 아들 압살롬이 아버지에게서 왕위를 찬탈하기 위해 반역을 일으켰다가 결국 살해되었을 때 그는 압살롬을 향한 연민의 정에 불타서 "내 아들 압살롬아 내 아들 내 아들 압살롬아 차라리 내가 너를 대신하여 죽었더면…"(삼하 18:33) 하면서 몹시 슬퍼했다.

하나님을 향한 열정 외에도 솔로몬은 다윗의 다른 세 가지 특징이 하나님을 기쁘시게 해드렸다고 말했다. 그 세 가지는 '성실과 공의와 정직한 마음'(왕상 3:6)이다. 솔로몬이 볼 때, 하나님께서는 이 세 가지 특징 때문에 다윗에게 크고 한결같은 사랑을 베푸신 것이었다.

흔들리지 않는 신앙

사무엘 선지자에 의해 왕으로 기름부음을 받기 이전의 젊은 다윗을 머릿속에 그려보자. 졸졸 흐르는 시냇가에서 양떼가 풀을 뜯고 있을 때, 그는 수금을 타며 여호와를 찬양했다. 시인 다윗은 또 어떤가? 그는 시간 가는 줄 모르고 하나님을 경배하며 기도하고 자기의 체험을 시(詩)로 표현했다. 언약궤가 예루살렘으로 들어오는 것을 보고는 너무 기뻐서 왕복(王服)조차 입지 않고 춤을 추던 다윗을 기억해보라. 그는 끊임없이 하나님을 찾았던 사람이다.

그가 왕으로 기름부음을 받은 후에도 사울 왕이 여전히 살아 있었기에, 그는 생명의 위협을 느끼지 않을 수 없었다. 시편 23편을 읽어보라. 그리고 그를 죽이려고 혈안이 된 군대의 접근에 대비하여 보초병을 굴 입구에 세워놓고 그 안에 숨어 있는 다윗의 모습을 그려보라.

여호와는 나의 목자시니 내게 부족함이 없으리로다
그가 나를 푸른 풀밭에 누이시며
쉴 만한 물 가로 인도하시는도다
내 영혼을 소생시키시고
자기 이름을 위하여 의의 길로 인도하시는도다
내가 사망의 음침한 골짜기로 다닐지라도

해를 두려워하지 않을 것은

주께서 나와 함께하심이라

주의 지팡이와 막대기가 나를 안위하시나이다

주께서 내 원수의 목전에서 내게 상을 차려주시고

기름을 내 머리에 부으셨으니 내 잔이 넘치나이다

내 평생에 선하심과 인자하심이 반드시 나를 따르리니

내가 여호와의 집에 영원히 살리로다

시 23:1-6

다윗은 여호와의 약속들을 확실히 믿었다. 그는 양떼를 위협하는 사자와 곰에 대항하여 싸울 때나 거인 골리앗을 죽일 때 하나님의 임재와 능력을 체험했다. 그는 하나님을 의지하는 것이 승리의 길인 것을 알았기에 상황이 최악으로 치닫는 것처럼 보일 때에도 그분에 대한 믿음을 잃지 않았다. 하나님을 더욱 가까이 하겠다는 열정이 그의 마음에서 늘 솟아났다.

그의 약점과 인생의 실패에도 불구하고 그와 하나님과의 관계는 흔들리지 않았다. 그는 조용한 초장에서 기도하고 찬양했다. 광야의 굴에서 기도하고 찬양했다. 궁전에서 기도하고 찬양했다. 아들이 일으킨 반란 때문에 쫓기는 신세가 되었을 때에도 기도하고 찬양했다. 죄를 범했을 때 그는 회개하고 기도하고 찬양했다.

어떤 상황에 처하든, 어떤 결정을 내리든 하나님을 놓지 않겠다는 열정이 그의 성실함의 특징이었다. 그러므로 하나님의 선하심과 인자하심이 그의 평생에 따른 것은 당연한 일이었다.

하나님을 하나님으로 모셔라

하나님과 그분의 약속을 의지하여 승리의 길을 걸을 수 있다는 것을 잘 알았던 다윗은 자기 문제를 스스로 해결하려고 하지 않았다. 사무엘상 24장에 따르면, 사울 왕은 다윗이 숨어 있는 곳을 알아내 3천 명의 정예 군사를 데리고 그를 쫓았다. 다윗을 쫓는 중에 사울은 잠시 동굴에 들어가 휴식을 취했다. 그가 쫓는 다윗과 그의 부하들이 바로 그 동굴 깊은 곳에 숨어 있다는 것을 까맣게 모른 채….

사울은 호위병들을 동굴 밖에 두고서 피곤을 못 이겨 잠이 들었고, 이것을 본 다윗의 부하들은 이것이 하나님께서 주신 기회라고 말했다. 다윗의 생명을 빼앗기 전에는 결코 쉬지 않겠다고 거듭 맹세한 사울이 잠이 들어 무방비 상태였던 것이다! 다윗이 그에게 살금살금 다가가 조용히 처치하면 모든 문제가 해결되는 것처럼 보였다.

그러나 다윗은 사울을 죽이지 않고, 대신 그의 겉옷자락을 베었다. 조금 후, 이 겉옷자락은 그가 동굴에서 왕을 쉽게 죽일 수도 있었지만 그렇게 하지 않았다는 것을 말해주는 증거가 되었다. 하지만 다윗은 사울의 겉옷자락을 자른 행동, 즉 그에게 아무런 해도 끼치지 않은 행동에 대해서도 죄책감을 느꼈다. 그리고 그의 부하들에게 이렇게 말했다.

자기 사람들에게 이르되 내가 손을 들어 여호와의 기름부음을 받은 내 주를 치는 것은 여호와께서 금하시는 것이니 그는 여호와의 기름부음을 받은 자가 됨이니라 하고 삼상 24:6

또한 다윗은 그의 부하들 중 누구라도 사울을 해치는 것을 용납하지 않았다. 만일 다윗이 동굴에서 사울을 죽였다면 쉽게 이스라엘의 왕권을 거머쥐었을 것이다.

사실 다윗은 하나님의 약속을 받았기에 이스라엘의 왕권이 자신의 것임을 알고 있었다. 그러나 그는 하나님께서 약속하신 것을 자기 힘으로 이루려고 시도하지 않는 편을 택했다. 자기가 그렇게 한다면 그것은 자기의 힘을 의지하는 것이고, 결국 사울 왕처럼 실패한 왕이 될 거라고 믿었다. 사울 왕은 하나님의 분명한 명령을 따르지 않고 자기 지혜를 좇다가 실패했다. 사울은 자기 왕권을 세우기 위해 사람들을 의지했지만, 다윗은 오직 하나님만 의지했다.

심지어 아들 압살롬이 반란을 일으켰을 때도 다윗은 자기 힘으로 방어하는 편을 택하지 않고 압살롬이 예루살렘을 점령하기 전에 그곳을 빠져나갔다. 만약 다윗이 하나님의 백성을 다스리는 왕의 자리에 머무는 것이 하나님의 뜻이었다면 그분은 얼마든지 그렇게 하실 수 있으셨다. 반면 그것이 그분의 뜻이 아니었다면 다윗은 사울에게 쫓길 때처럼 압살롬에게 쫓기며 살아야 할 것이었다. 다시 말해서 과거에 도망 다녔던 것처럼 또 도망 다녀야 하는 입장에 처하게 될 것이었다.

아무튼 그에게 중요한 것은 매사에 양심에 걸리는 행동을 하지 않는 것이었다. 다윗은 자신의 선택 때문에 고난당할 가능성이 높다 할지라도 늘 옳은 일을 선택했다. 이런 신앙을 가졌기에 하나님이 그를 그토록 기뻐하셨던 것이다.

하나님과 올바른 관계를 유지하라

언약궤가 예루살렘에 당도했을 때, 다윗은 뭔가 모자라는 사람처럼 그 앞에서 춤을 추었다. 하나님께서 이스라엘을 위해 이루신 일을 찬양할 때 그는 점잔 빼며 조용히 있었던 것이 아니라 백성의 한 사람으로 어쩔 줄 모르며 기뻐했다. 그의 아내 미갈은 "그의 신복의 계집종의 눈앞에서 몸을 드러내셨도다"(삼하 6:20)라고 말하면서 그가 왕답지 않게 행동했다고 꾸짖었다. 그러나 그에게 중요한 것은 미갈의 생각이 아니라 하나님의 마음이었다. 그는 사람이 아닌 하나님을 기쁘시게 해드리고 그분을 찬양하는 데 온 정신을 쏟았다.

선지자 나단이 다윗을 찾아와 밧세바와의 간음죄와 그녀의 남편 우리아를 살해한 죄를 책망했을 때, 그는 자기의 죄를 뼈저리게 느꼈다. 죄책감을 피하려고 변명을 늘어놓지 않았고, 자기를 용서해 달라고 나단에게 애원하지도 않았다. 대신 하나님 앞에서 회개했다. 그런 후에 불륜으로 태어난 아기의 생명을 혹시 하나님께서 살려주실지도 모른다는 희망을 품고 7일 동안 금식하며 기도했다.

다윗의 이 경우와 유사하면서도 다른 경우가 사울에게도 일어났었다. 사무엘 선지자가 사울의 불순종을 지적했을 때, 그는 변명을 늘어놓으며 사무엘에게 용서를 구했다. 그는 죄를 깨달았지만 하나님 앞에서 회개한 것이 아니라 자기 자신이나 다른 사람들의 비위를 맞추려고 애썼다. 그 결과, 하나님께서는 그의 왕위를 폐하셨다.

그러나 다윗은 죽을 때까지 왕위에 머물렀으며, 하나님께서는 만일 다윗의 자손들이 그의 모범을 따르면 그들의 왕위가 영원할 것이라는 그분의 약속에 충실하셨다. 결국에는 만왕의 왕으로서 하나님의 백성을 영원히 다스리실 예수님이 다윗의 후손으로 태어나 이 땅에 오셨다.

다윗은 자기의 이야기를 숨김없이 털어놓았으며, 그의 회개 기도는 시편 51편에 기록되어 있다. 하나님께서 해결하실 수 없는 문제는 우리의 죄가 아니라 그분과 교제하기를 거부하는 완고한 태도이다. 다윗은 이것을 잘 알고 있었다. 흔히 말하듯이 중요한 것은 '당신이 누구를 찾아가느냐' 하는 것이다. 당신이 전심으로 하나님을 찾겠다고 결심한다면, 하나님께서는 그분의 뜻에 따라 당신을 변화시켜주실 것이다.

하나님 앞에서 한결같은 마음을 가져라

초고층 빌딩을 지으려면 건축자는 건물의 설계와 뼈대의 구조적 견고함(한결같음)뿐 아니라 강철의 구조적 견고함에도 신경을 써야 할 것이다. 강철의 구조적 견고함을 결정짓는 요인은 강철 제조에 사용된 재료의 순수성, 강철의 제조 공정의 질(質), 그리고 하중을 견딜 수 있는 구조물의 능력이다.

견고하지 못한, 즉 한결같지 못한 강철을 사용한 건축물은 몇 년 동안은 아무 문제를 일으키지 않지만 언젠가 큰 하중을 받게 되면 결국에는 무너질 것이다. 강철은 견고할수록 더 큰 하중을 견뎌낼 수 있다. 말하자면, 더 큰 책임을 감당할 수 있는 것이다. 만일 우리가 견고하지 못한 삶, 부실한 삶을 산다면, 얼마 못 가서 폭풍이나 지진이 일어날 때 우리의 삶은 여지없이 무너지게 될 것이다.

다윗은 발끝으로 살금살금 걸으면서 하나님 주변을 맴도는 소극적인 사람이 아니었다. 그는 마음이 괴로울 때에는 그것을 표현했다. 잘못을 범했을 때에는 마음을 찢고 회개하며 하나님께서 정결하게 해주시기를 간구했다. 필요한 것이 있을 때에는 '만왕의 왕' 앞에 선 왕으로서 당당히 구했다. 고난과 고통 속에 빠졌을 때에는 자기의 처지를 한탄하지 않고 주와 구주의 능하심을 찬양했다.

하나님의 진리와 하나님의 방법이 그에게는 자기 목숨보다 더 소중했다. 솔로몬은 그의 아버지가 잘못이나 죄가 없는 사람이 아니라 언제나 하나님을 향해 견고한, 즉 한결같은 사람이라는 것을 알게 되었다.

하나님을 향한 열정 때문에, 성실과 공의와 정직한 마음 때문에, 요컨대 그분을 향한 견고함 때문에 다윗은 오늘날까지도 영향을 미치고 있는 것이다. 정직함과 담대함이 돋보이는 그의 시편은 역사상 가장 순수한 경배의 노래들로 인정받고 있다. 가장 많이 반복되는 성경의 이야기 중 하나가 그에 대한 이야기이다.

우리는 골리앗 앞에서 용기를 보여준 다윗을 주목한다. 우리는 사울 앞에서 성실과 의로움을 보여준 다윗을 주목한다. 우리는 요나단과의 관계를 통해 우정의 모범을 보여준 다윗을 주목한다. 우리는 다윗에게서 평생 하나님을 기쁘시게 해드리기 위해 노력한 사람을 본다. 그의 회개는 하나님께서 우리의 죄를 용서하기 원하신다는 증거이다.

솔로몬이 그랬듯이 당신도 다윗의 열정과 성실과 공의와 정직한 마음을 본받아 하나님을 향해 한결같은 삶을 살기를 원하는가? 당신은 날마다 그분을 향해 한결같은 마음으로 생활하는가, 아니면 그때그때 상황에 쫓겨 그분을 찬양하지도 않고 그분께 기도하지도 않으면서 며칠, 몇 주, 또는 몇 달을 보내는가? 당신은 어떤 상황에서든 그분의 지혜를 구하는가, 아니면 당신의 지혜에 의지하여 결정을 내리는가?

'한결같음'은 눈에 보이는 상황과 관계가 있는 것이 아니라 다만 우리의 내적인 태도와 관계가 있다. 또한 '한결같음'은 완전함과 관계가 있는 것이 아니라 다만 정직함과 관계가 있다. 우리 자신에게 정직해지고 또 다른 사람들에게 정직해지는 것 말이다. '한결같음'은 자신에게 책임이 있든 없든 잘못된 것을 기꺼이 바로잡는 것이다.

한결같음의 모범을 가장 완벽하게 보여주신 분은 예수님이시다. 그분은 결코 죄를 범하지 않으셨지만, 두 팔을 벌려 모든 인간의 죄책을 떠안으셔서 만인을 위해 구원의 문을 여셨다.

죄를 지적 받았을 때 다윗이 제일 먼저 한 일은 조직적 은폐가 아니라 하나님과의 교제를 회복하는 것이었다. 그가 모범을 통해 솔로몬에게 가르쳐준 교훈은, '한결같음'이 단지 우리에게 중요한 덕

목들 중 하나가 아니라 최고의 덕목이라는 것이다. 솔로몬은 남들의 시선을 의식하지 않고 하나님 앞에서 순수한 동기와 올바른 우선순위를 가지고 올바른 마음으로 사는 것이 어떤 것인지를 그의 아버지를 통해 배웠다. 한결같음은 다른 사람들의 칭찬보다 하나님과의 교제를 더 소중히 여기는 것이며, 어떤 대가를 치르더라도 그분께로 나아가는 것이다.

～。 한결같음을 위한 기도

아버지여!

주 하나님께서 주신 말씀의 모범들에 대해

예수님의 이름으로 감사합니다.

예수님 때문에

제가 하나님 아버지와 견고한 관계를 맺었으며,

다윗이나 솔로몬보다 주 하나님을

더 온전히 알 수 있게 되었으니 감사드립니다.

주여! 저는 주님을 더욱 온전히 알기를 갈망합니다.

주님과 동행하는 법을 가르쳐주소서.

제 삶 속에 주님을 더욱 알아가는 데

방해가 되는 것들이 있다면 보여주시고,

그것을 어떻게 처리해야 할지 가르쳐주소서.

주님이 저를 창조하실 때 계획하신 존재가 되는 것이

제가 주님께 올려드릴 수 있는 최고의 경배인 줄 믿습니다.

제가 정직하고 진실한 존재가 되도록 도우소서.

제가 가는 모든 길에서 성실하게 행하도록 가르치소서.

한결같은 태도로 살아간다

하나님께서 당신을 보실 때, 그분의 눈에 당신이 '하나님 마음에 합한 사람'으로 보일까? 솔로몬은 하나님께서 자기 아버지 다윗의 성실과 공의와 정직한 마음 때문에, 요컨대 그의 한결같음 때문에 그를 사랑하셨다는 것을 알고 있었다. 비록 다윗이 죄를 범했지만 그에게는 언제나 회개하려는 마음이 있었다. 그는 자기의 의(義)를 구하지 않고 하나님의 의(義)를 구했다. 하나님께서는 다윗과 그를 이은 그의 아들 솔로몬을 높여주셨다. 그러므로 하나님께서 '한결같음'의 속성들을 우리 삶에 부어주시도록 순종한다면 그분은 우리에게 복을 주실 것이다.

하나님이여 나를 살피사 내 마음을 아시며 나를 시험하사 내 뜻을 아옵소서
내게 무슨 악한 행위가 있나 보시고 나를 영원한 길로 인도하소서

시편 139편 23,24절

**충성스런/
성실한**
- 애정과 충성심에서 한결같은
- 약속을 지키거나 의무를 준수함에 있어 흔들리지 않는

주의 성실하심은 대대에 이르나이다 주께서 땅을 세우셨으
므로 땅이 항상 있사오니 (시 119:90)

회개하다
- 죄에서 돌아 서서 전심으로 생활을 고치는 것
- 후회하고 뉘우치는 것, 마음을 바꾸는 것

하나님이어 주의 인자를 따라 내게 은혜를 베푸시며 주의 많
은 긍휼을 따라 내 죄악을 지워주소서 나의 죄악을 말갛게
씻으시며 나의 죄를 깨끗이 제하소서 (시 51:1,2)

**성실/
한결같음**
- 도덕적 가치나 예술적 가치의 원칙을 고수하는 것, 변절하지 않는 것
- 분열되거나 쪼개지지 않고 온전한 상태

온전하게 행하는 자가 의인이라 그의 후손에게 복이 있느니라
(잠 20:7)

솔로몬이 이르되
주의 종 내 아버지 다윗이
성실과 공의와 정직한 마음으로
주와 함께 주 앞에서 행하므로
주께서 그에게 큰 은혜를 베푸셨고
주께서 또 그를 위하여
이 큰 은혜를 항상 주사
오늘과 같이 그의 자리에 앉을 아들을
그에게 주셨나이다

열왕기상 3장 6절

THE
PRAYER
of
SOLOMON

chapter 4

사명을 발견하면 기도가 달라진다

솔로몬은 아버지의 노새를 타고 기혼(Gihon)의 샘들로 가고 있었다. 많은 사람들이 물을 긷고 상점을 들락거리는 것이 그의 눈에 들어왔다. 이렇게 사람들이 많이 모이는 기혼에서 무언가를 선포한다면, 그 소문은 마치 샘의 물이 이스라엘의 각 가정으로 옮겨지듯 빠른 속도로 전국에 퍼질 것이었다.

솔로몬은 호위병과 종들의 수행을 받았지만 마음이 불안했다. 스스로 왕위에 오른 그의 형 아도니야가 그곳에서 남쪽으로 멀지 않은 에느로겔의 샘에서 자축(自祝)하고 있었기 때문이다. 그의 자축 향연에는 다윗 궁전의 거의 모든 사람들이 참석했다. 초대받지 않은 사람들은 솔로몬, 밧세바, 나단 선지자, 사독 제사장, 여호야

다의 아들 브나야였다.

사실 이들은 솔로몬을 기혼으로 데려가 기름을 부어 왕으로 세우고 선포하라는 다윗의 명령을 받들기 위하여 지금 솔로몬과 함께 기혼에 와 있었다. 이제 기혼에서 솔로몬을 왕으로 선포한다면, 그의 통치의 첫발을 내딛는 것이 될 수도 있고 아니면 온 나라가 내전(內戰) 상태에 빠져들 수도 있었다.

솔로몬은 노새에서 미끄러지듯 내려서 산꼭대기까지 걸어갔다. 그곳에 모여 있던 많은 사람들은 물 긷는 것조차 잊은 채 왕족의 행렬을 지켜보았다. 솔로몬은 산꼭대기를 향해 발걸음을 옮길 때마다 기대감에 잔뜩 부푼 사람들의 시선(視線)의 무게를 더욱 무겁게 느꼈다.

드디어 산꼭대기에 도달한 솔로몬은 사독 앞에 무릎을 꿇었고, 사독은 기름 뿔을 가져다가 고개 숙인 솔로몬의 머리에 기름을 부었다.

나팔 소리가 사방으로 울려 퍼졌고, 무리는 "솔로몬 왕 만세!"를 외쳤다. 솔로몬이 의자에 앉자 백성들은 피리를 불어 기쁨을 표현했고, 축하가 시작되었다. 이스라엘이 노래하고 춤추며 찬양하는 것이 당연했다. 그들에게 새 왕이 생겼기 때문이다!

솔로몬은 다른 사람들에게 복을 주는 존재가 되도록 복을 받은 자였다. 그의 사명은 이토록 분명했다. 그가 장차 하나님의 백성을 다스릴 것을 아셨던 하나님께서는 그의 출생 때에 그에게 '여호와께 사랑을 받은 자'(여디디야)라는 이름을 주셨다.

이와 마찬가지로 그분은 우리가 살고 있는 시대를 위한 그분의 목적과 은혜에 따라 우리를 부르신다. 그분은 우리의 나이가 얼마인지, 우리의 가족 중에 어떤 사람이 있는지, 우리의 피부색이 어떤지, 우리가 제대로 된 도시나 지역에서 태어났는지에 대해 상관하지 않으신다. 그분은 수백만의 사람을 지나치시다가 전심으로 그분을 의지하는 사람을 보고 찾아가신다. 선견자 하나니는 유다 왕 아사에게 이렇게 말했다.

여호와의 눈은 온 땅을 두루 감찰하사 전심으로 자기에게 향하는 자들을 위하여 능력을 베푸시나니 이 일은 왕이 망령되이 행하였은즉 이후부터는 왕에게 전쟁이 있으리이다 하매 대하 16:9

하나님께서는 그분의 마음에 합한 사람을 찾으면 그를 중심으로 하여 그분의 나라, 곧 이 땅 위에 세워진 천국의 점령지를 건설하기 시작하시며, 그에게로 모여든 사람들은 복을 받게 된다.

하나님나라 안에서 우리의 자리

종종 우리는 예수님의 메시지의 핵심이 너무나 간단하다는 사실을 간과한다. 이 땅에서 사역을 시작하실 때 그분은 딱 한 마디로 그분의 메시지의 핵심을 찔러 말씀해주셨다.

"천국이 가까이 왔느니라"(마 3:2).

아담과 하와가 죄를 범했을 때, 인류는 하나님과 하나님의 뜻으로부터 분리되었다. 중앙에 생명나무가 있던 에덴동산은 더 이상 그들의 집이 아니었다. 비유적으로 말하자면, 하나님께서 '그분의 완전한 뜻'이란 거대한 비눗방울을 아담과 하와 둘레에 만들어놓으셨지만, 그들이 그것을 터뜨려 사라지게 만든 것이다. 이제 그리스도의 희생을 통해 구속받은 사람들은 에덴동산으로 들어가는 것이 아니라 그들 각자의 둘레에 '하나님의 나라'라는 비눗방울이 만들어지게 된다. 그리고 이 비눗방울 안에서는 하나님의 뜻이 하늘에서 이루어진 것같이 땅에서도 이루어진다.

이 같은 말에 당신은 이런 질문을 던질지 모르겠다.

"잠깐만요, 하나님은 주권적인 분이십니다. 그렇다면 그분이 원하시는 곳 어디에서나 그분의 뜻이 이루어지도록 하실 수 있는 것 아닙니까?"

하나님이 주권적인 분이신 것은 사실이다. 하지만 그분은 그분의 뜻을 억지로 강요하지 않으신다. 하나님은 솔로몬이 꿈속에서 무엇을 구할지 이미 아셨다. 하지만 그럼에도 불구하고 그에게 나타나 선택의 기회를 주셨다. 솔로몬은 하나님께 구해야 했으며, 그 다음에 그분이 행동하실 것이었다.

솔로몬이 굳게 만들고자 애썼던 나라는 이 땅의 나라였지만, 예수님이 언급하신 나라는 영적인 나라이다. 그분의 나라는 성령님에 의해 우리의 마음 안에 심겨지고, 하나님의 말씀과 기도를 통해 영양을 공급받아야 할 나라이다. 우리 안에 하나님이 더욱 충만하실수록, 다시 말해서 우리의 뜻을 더욱 많이 포기하고 그분을 더 많이 모실수록, 우리 안에서 그분의 나라는 더욱 강해진다.

우리가 그분의 빛 안에서 더욱 성장할수록 영적 열매를 더욱 많이 맺게 된다. "오직 성령의 열매는 사랑과 희락과 화평과 오래 참음과 자비와 양선과 충성과 온유와 절제"(갈 5:22,23)이다. 영적 열매가 우리에게 필요한 이상으로 넘치게 될 때 그것은 다른 사람에게 흘러가기 마련이다. 이런 일이 일어날 때 우리는 세상에 새롭고 깊은 영향을 끼치게 되며, 우리가 어디로 가든지 하나님의 나라는 확장된다.

솔로몬 시대에 이스라엘이 하나님의 택하신 민족으로서 그분 앞에 섰듯이, 오늘날 교회는 그분의 택하신 나라로서 그분 앞에 선다. 솔로몬 시대에 제사장들이 백성을 위해서 하나님 앞에 섰듯이, 오늘날 그리스도인들은 그분 앞에 서서 거룩한 손을 들고 이 땅의 모든 민족들을 위해 간구한다. 솔로몬의 책임이 단지 그의 집안을 다스리는 것에 국한되지 않았듯이 우리의 책임도 우리의 집안을 다스리는 것에 국한되지 않는다. 베드로는 이렇게 증거한다.

> 그러나 너희는 택하신 족속이요 왕 같은 제사장들이요 거룩한 나라
> 요 그의 소유가 된 백성이니 이는 너희를 어두운 데서 불러 내어 그의
> 기이한 빛에 들어가게 하신 이의 아름다운 덕을 선포하게 하려 하심
> 이라 벧전 2:9

이 땅에서 장수하고 인생을 더욱 풍성하게 살며 큰일을 이루기를
갈망하는가? 그렇다면 하나님의 나라에서 당신의 위치를 찾는 것
이 가장 좋은 출발점이다.

사명을 알 수 있는 단서들

하나님의 빛을 세상에 전하라는 사명이 우리 모두에게 주어진 것
은 사실이다. 하지만 우리 각 사람이 받은 구체적인 사명은 서로 다
르다. 그러므로 그분이 우리를 만드신 목적과 이유에 따라 개인적
인 사명이 달라질 수밖에 없다. 우리의 사명을 알 수 있는 단서들은
우리 마음 안에 있다. 우리의 소원과 재능, 그리고 은사에 주목하기
만 해도 하나님이 우리의 삶을 위해 예비하신 길과 계획을 알 수 있
는 첫걸음을 내디딘 것이다.

우리의 소원, 즉 욕구는 우리의 사명을 알 수 있는 최초의 단서 중 하나이다. 이에 대해 다윗은 시편 37편에서 이렇게 말한다.

여호와를 의뢰하고 선을 행하라 땅에 머무는 동안 그의 성실을 먹을 거리로 삼을지어다 또 여호와를 기뻐하라 그가 네 마음의 소원을 네게 이루어주시리로다 시 37:3,4

때때로 그리스도인들은 자신에게 어떤 소원이 생기는 것을 두려워하는 경향이 있는데, 그 이유는 소원이란 것이 쉽게 이기적인 것으로 변질될 수 있기 때문이다. 그러나 이 성경본문에서 다윗이 우리에게 무엇을 가르치는지 다시 정리해보자.

"여호와를 의뢰하라. 선을 행하라. 땅에 거하라, 즉 그분이 당신을 두신 곳에 거하라. 그의 성실을 먹을거리로 삼아라, 즉 성실을 추구하라. 여호와를 기뻐하라. 이렇게 행할 때 하나님께서 당신 마음의 소원을 이루어주실 것이다. 당신은 하나님이 당신을 통해 이루기 원하시는 것을 원하게 될 것이고, 그분은 당신의 소원을 이루어주실 것이다."

다윗의 이 교훈에 전제조건이 붙지 않았다는 것에 주목하라. 다시 말해서, 당신의 나이가 얼마여야 한다든가 어떤 경험이 있거나 훈련을 받았어야 한다든가, 또는 어떤 특별한 곳으로 가야 한다든가 하는 조건이 붙지 않았다. 지금 당신이 있는 곳에서 즉시 하나님의 교훈에 따라 당신의 소원을 이루기 위한 첫발을 내디딜 수 있다.

"내가 제대로 된 직업을 갖게 되면…, 배우자를 얻으면…, 학교를 졸업하면…, 승진을 하면…, 그때 영적인 일들에 대해 진지하게 생각해보겠다"라고 말할 필요가 없다. 아니, 이렇게 말할 필요가 없는 것이 아니라 이렇게 말해서는 안 된다. 하나님의 가르침보다 다른 것을 앞세우면 당신을 향한 그분의 계획과 목적을 방해할 뿐이다. 그리고 그렇게 되면 당신의 소원이 왜곡된다.

그러나 당신이 조용히 시간을 내어 하나님을 찾고, 그 외의 시간에도 그분의 뜻에 따라 산다면, 당신의 소원이 순수할 거라고 믿어도 좋다. 이러한 방식의 삶은 그분의 풍성한 복의 문을 당신에게 활짝 열어줄 것이다.

당신은 무엇을 할 때 즐거운가? 무엇이 당신을 미치게 만드는가? 무엇을 보거나 들을 때 당신의 마음이 움직이는가? 하나님께서 당신을 위해 계획하신 삶이 무엇인지 알려면, 그분이 당신의 마음에 심어주신 소원이 무엇인지 알아야 한다.

하나님이 주신 재능과 은사는 우리의 사명이 무엇인지 알게 하는 두 번째 단서이다. 하나님이 만일 어떤 특정한 길로 우리를 인도하신다면, 그분은 그 길에서 성공하는 데 필요한 것들을 우리에게 허락하실 것이다. 물론 그렇다고 해서 우리가 재능을 발전시키기 위해 노력할 필요가 없다는 말은 아니다. 내 말은, 우리에게 자연스럽게 허락된 것이 무엇이든 그것이 우리의 삶을 향한 그분의 뜻을 보여줄 수 있다는 것이다.

당신은 본래 음악을 잘하는가? 수(數)에 밝은가? 아이들을 잘 다루는가? 사람들의 분쟁을 잘 조정하는가? 그림 그리기나 장식에 마음이 끌리는가? 연장만 있으면 고장 난 것을 거의 무엇이든지 고치는가? 운동을 잘하는가? 사람들에게 감동을 주는가? 돈을 아껴 쓰는 데 재주가 있는가? 새로운 아이디어를 재빨리 받아들이는가? 계획을 세워 효과적으로 일을 처리하는 데 능한가? 당신의 재능을 알면 당신의 사명을 아는 데 도움을 받을 수 있다.

사명 확인은 평생 계속 되어야 한다

때때로 우리가 가야 할 길이 너무나 분명하다고 느끼지만, 그렇다고 해서 우리가 평생 가야 할 길이 한꺼번에 다 보이는 것은 아니다. 따라서 우리의 사명이 무엇인지를 확인하는 작업은 평생 계속되어야 할 일이기도 하다. 왜냐하면 이정표가 보이고 목적지까지 거리를 표시한 표지판이 보일지라도, 목적지 자체는 보이지 않는 상황이 종종 발생하기 때문이다.

그런데 사실 목적지 자체가 보이지 않는 것이 더 좋을 수도 있다.

솔로몬의 인생은 그토록 확실하게 시작되었지만, 오랜 세월 동안 실패를 계속했다. 그의 기도와 글은 너무나 큰 지혜와 명철을 보여 주지만, 결국 하나님을 가까이 하지 않았기 때문에 그의 삶은 실패하고 말았다. 하나님의 교훈을 저버린 그는 많은 이방 여자들과 결혼했고, 결국 그들의 신(神)들을 섬기기 시작했다. 그는 자기 힘으로 살 수 있다는 착각에 점점 사로잡혔고, 세상이 줄 수 있는 모든 쾌락에 빠졌으나, 남은 것은 공허와 고통과 우울뿐이었다.

그는 자기의 사명을 일찍 깨달았고 국정을 처리할 수 있는 경건한 지혜도 얻었지만, 그의 위대함은 점점 사라졌다. 그의 아들 르호보암은 그에게서 오직 방종과 자만만 물려받은 것 같다. 르호보암이 개혁을 권고하는 원로들의 충고를 거부하고 대신 야망과 교만으로 가득한 젊은 신하들의 조언을 따랐기 때문에 결국 이스라엘 왕국은 분열되었다(왕상 12:1-24 참조).

이 모든 것이 주는 교훈은 분명하다. 기도로 시작하고, 기도로 행하고, 기도로 끝내라는 것이다. 어차피 우리가 끝을 자세히 알 수는 없다. 그렇기 때문에 가장 중요한 것은 그때그때마다 성령님의 인도하심을 받는 것이다. 사도 바울이 가르치듯이 우리는 성령으로 행해야 한다(갈 5:25 참조). 하나님의 인도하심을 얻기 위해 그분의 말씀을 읽고 기도하는 일을 게을리한다면 어찌 우리가 성령으로 행할 수 있겠는가?

사명의 발견은 우리만의 일이 아니다

사명을 발견하는 일이 우리의 성취감과 깊은 관계가 있는 것은 사실이지만, 좀 더 깊이 생각해보면 이것은 우리를 위한 복을 얻기 위함이라기보다는 다른 사람들의 삶에 영향을 미친다는 성격을 더 강하게 지닌다. 이것은 참으로 흥미로운 사실이다. 심지어 우리가 얻은 복까지도 다른 사람들과 연관되지 않을 수 없다.

앞으로 더욱 자세히 살펴보겠지만, 왕으로서 백성을 다스리는 것이 자신의 사명이라고 깨달은 솔로몬은 자기의 국정수행 능력이 수많은 사람들의 삶의 질에 영향을 미칠 것이라는 사실을 심각하게 받아들였다. 그의 결정은 이스라엘의 모든 사람에게 영향을 미치지 않을 수 없었다. 그에게는 교만이라는 사치가 허용되지 않았듯이 거짓 겸손이라는 사치도 허용되지 않았다. 만일 그가 전심으로 하나님을 찾는 일에 소심한 모습을 보인다면 그의 나라 전체가 그로 인하여 고통을 당할 것이었다.

우리는 하나님께서 우리를 위해 계획하고 준비하신 모든 것을 받아야 하며, 될 수 있는 한 최선의 존재가 되어야 한다. 하나님은 솔로몬에게 무엇이 필요할지를 아셨다. 하나님께서는 그가 다윗처럼 하나님의 길로 행할 때 어떤 존재가 될 것인지 미리 계획해놓으셨기 때문이다.

하나님이 우리를 위해 준비해두신 모든 것을 얻느냐 마느냐는 우리가 그분의 계획을 알고 충실히 따르느냐에 좌우된다. 하나님은 언제나 그분의 계획과 약속에 따라 우리에게 공급해주신다. 그리고 우리가 성공했을 때, 그 열매에 동참하여 유익을 얻는 사람들이 있기 마련이다.

당신이 시간을 내어 기도하는 가운데 당신을 향한 하나님의 계획과 관련하여 주님의 인도하심을 구한다면, 당신은 주변 세상에 영향을 끼치게 될 것이다. 하나님께서는 언제나 당신이 많은 사람에게 복이 되기를 계획하신다. 예수 그리스도를 따르는 사람으로서 당신의 최고의 사명은 그들을 위한 복의 통로가 되는 것이다.

사명을 이루기 위한 기도

아버지여!
제가 예수님의 이름으로
아버지께 나아오게 하심을 감사합니다.
주변 사람들을 변화시켜
아버지의 빛의 영광을 드러내라는 사명을
저에게 주셨으니 감사합니다.
아버지의 빛 가운데 행하도록 도우소서.

제가 기도에 굶주린 사람이 되게 하소서.

그리하시면 언제나 주님의 존전에 거하며

제 삶의 한 걸음 한 걸음을 인도하시는

주 하나님의 음성을 듣는 법을 배울 것입니다.

주여! 제 길에 주님의 말씀의 빛을 비추소서.

제가 극복해야 할 단점들이 무엇인지 알게 하시고,

더 나아가 주님의 계획을 이루기 위해

제게 주신 장점들도 깨닫게 하소서.

세상의 변화를 위한 하나님의 사역을 위해 함께 보내신

동역자들의 마음과 제 마음이 하나가 되게 하소서.

성령의 열매가 점점 자라서

주변 사람들에게 흘러넘치게 하소서.

주님의 뜻이 하늘에서 이루어진 것처럼

땅에서도 이루어지기를 기도합니다.

제가 복의 통로로 쓰임 받는 것이 주님의 뜻이오니

이 뜻이 이루어지도록 오늘 저를 인도하소서.

주님이 저에게 보내주시는 사람들에게

빛과 사랑의 모범이 되는 법을 배울 수 있도록

지혜와 명철을 허락하소서.

여디디야 **4** 삶의 비결

인생의 목적을 찾아라

하나님나라를 확장하여 세상에 복을 주시려는 그분의 계획을 이루기 위해 우리 각자에게는 나름의 사명이 주어졌다. 당신이 하나님나라의 확장에 성공적으로 기여하여 다른 사람들을 위한 복의 통로가되기 위해서는 당신의 사명이 무엇인지 정확히 알아야 한다.

당신이 어떤 형편에 처하든지 전심으로 하나님을 찾는다면 그분은머지않아 당신의 사명을 보여주실 것이다. 그분이 도우시면 당신이부유한 왕이든 가난한 나라에서 일하는 선교사든 성공할 것이다. 당신은 그분이 필요로 하시는 곳에 있을 것이며, 그분은 당신이 실패하지 않도록 모든 것을 채워주실 것이다. 이것이 진정한 성공이다!

주님이 당신에게 무슨 일을 시키시든 당신은 그 일을 감당할 마음의준비가 되어 있는가?

사람의 마음에는 많은 계획이 있어도 오직 여호와의 뜻만이 완전히 서리라

잠언 19장 21절

사람의 마음에 있는 모략은 깊은 물 같으니라
그럴지라도 명철한 사람은 그것을 길어 내느니라

잠언 20장 5절

소명감

- 어떤 특정한 일을 해야 한다는 강한 내적 충동

  (이럴 경우 하나님께서 주시는 확신이 흔히 뒤따른다)

  하나님이 우리를 구원하사 거룩하신 소명으로 부르심은 우리
  의 행위대로 하심이 아니요 오직 자기의 뜻과 영원 전부터 그리
  스도 예수 안에서 우리에게 주신 은혜대로 하심이라 (딤후 1:9)

목적/결심

- 추구하여 얻어야 할 대상으로 설정한 것
- 결단, 결의(決意)

  모든 일을 그의 뜻의 결정대로 일하시는 이의 계획을 따라
  우리가 예정을 입어 그 안에서 기업이 되었으니 (엡 1:11)

영향

- 영적 힘이나 도덕적 힘이 흘러나오는 것
- 겉보기에는 아무 힘을 행사하지도 않고 직접적 명령을 내리지도
  않지만 사실상 어떤 결과를 만들어내는 능력이나 그런 경우

  성읍은 정직한 자의 축복으로 인하여 진흥하고 악한 자의
  입으로 말미암아 무너지느니라 (잠 11:11)

나의 하나님 여호와여
주께서 종으로 종의 아버지 다윗을 대신하여
왕이 되게 하셨사오나
종은 작은 아이라 출입할 줄을 알지 못하고

열왕기상 3장 7절

chapter 5

겸손한 기도가 진정한 위대함이다

솔로몬은 기름부음을 받은 후 아버지의 유훈(遺訓)을 철저히 실행했다. 그는 다윗을 배신한 사람들을 처형하거나 유배 보냈다. 아도니야는 다윗의 마지막 첩과 결혼하게 해달라고 솔로몬에게 요청했는데, 이것은 궁전 옥상에 장막을 치고 자기 아버지의 후궁들과 동침한 압살롬의 반역을 상기시키는 행동이었다. 결국 솔로몬은 아도니야를 반역자로 간주하여 처형했다. 이 모든 것이 잔인한 시대에 대처하는 잔인한 결정들이었지만, 아무튼 그의 아버지가 임종 때에 남긴 정치적 지혜에 따른 것이었다.

솔로몬은 그의 아버지의 생전에는 아버지에게서 지혜를 배웠다. 그러나 아버지가 떠난 지금, 그는 어떻게 해야 하는가? 다윗이 솔로몬에게 남긴 것은 딱 두 가지였다. 하나는 그의 삶의 모범이었고, 다른 하나는 하나님께서 그의 유업(遺業)에 대해 들려주신 다음과 같은 말씀이었다.

여호와께서 내 일에 대하여 말씀하시기를
만일 네 자손들이 그들의 길을 삼가 마음을 다하고
성품을 다하여 진실히 내 앞에서 행하면
이스라엘 왕위에 오를 사람이 네게서 끊어지지 아니하리라
하신 말씀을 확실히 이루게 하시리라
왕상 2:4

솔로몬은 선택의 기로에 섰던 것 같다. 과거에 아버지를 의지했듯이 지금 의지할 수 있는 다른 사람을 찾거나, 아니면 아버지처럼 하나님과 깊은 관계를 맺거나. 솔로몬은 자기가 어떤 선택을 해야 할지 알았다. 그가 생각하기에 이제 시간을 내 하나님을 만나야 할 때가 온 것이다.

그는 기브온으로 갈 준비를 하라고 명령을 내렸다. 그곳에서 여호와께 일천번제를 드리며 기도하고 경배하면서 그분을 의지하기를 원했기 때문이다.

본질적으로 말해서 이스라엘은 그의 나라가 아니라 하나님의 나

라였다. 하나님께서 그가 하나님의 나라를 제대로 다스리기를 원하신다면, 그는 그 지혜를 하나님께 얻어야 했다. 그리고 이 문제에 있어서 하나님은 결코 실패하지 않으시리라는 것을 알고 있었다. 그가 이렇게 생각할 수 있었던 것은 그의 아버지를 통해 배운 신앙 덕분이었다.

우리가 누군가에게 무언가를 배우려면 먼저 우리가 원하는 것이 그 사람에게 있다는 것을 인정해야 한다. 학생과 선생님의 관계를 생각해보라. 학생이 배우기 위해서는 선생님을 의지할 수밖에 없다는 것을 인정해야 한다. 그리고 선생님이 전해주는 지식과 교훈을 자신 안에 채우겠다는 마음의 준비를 해야 한다. 학생은 선생님에게 배울 것이 있다는 것을 인정하면서 겸손한 마음으로 수업에 임해야 한다. 우리가 하나님께 무엇을 받으려고 할 때에도 마찬가지이다. 솔로몬은 이것을 잘 알고 있었다.

겸손해야 복을 받는다

교만한 자는 자기의 부족함을 깨닫지 못한다. 교만은 술에 비유될 수 있는데, 가장 강력한 술이 바로 교만이다. 교만만큼 우리를 취하게 만드는 것이 없기 때문이다. 교만은 숙취처럼 두통이나 몸살을 야기하지 않지만, 술에서 깨어나는 것보다 교만에서 깨어나는 것이 훨씬 더 어렵다.

교만은 세상을 보는 우리의 눈을 흐리게 만들고, 우리의 자제심을 약화시키며, 우리의 양심을 비뚤어지게 만든다. 교만한 사람은 자기 스스로 모든 일을 해낼 수 있다고 착각한다. 그는 자기의 생각에 동의하는 사람들과 한패가 되고, 자기에게 반대하는 사람들을 멀리한다. 교만한 지도자는 그의 나라의 전반적 수준을 끌어올리는 일에는 신경을 안 쓰고 오직 자기의 궁전을 짓는 일에만 골몰한다. 그는 그의 말에 오직 "옳습니다!"라는 반응을 보이는 사람들로 보좌진을 구성한다. 그는 진정으로 위대한 업적에는 관심이 없고 칭찬 듣는 것에만 관심이 있다.

우리가 남을 판단하는 것도 근본적으로는 우리의 교만 때문일 수 있다. 남을 판단하는 것은 '심판'이라 부르는 것이 적절할 것이다. 왜냐하면 재판관이 법정에서 형을 선고할 때 피고보다 위에 앉아서 선고하듯이, 우리도 다른 사람들을 판단할 때 우리 자신을 그들보다 더 높은 자리에 놓기 때문이다. 스스로 높은 자리에 있다는 착각에 빠진 우리는 다른 사람들에 대한 우리의 판단이 옳다고 느낀다. 우리는 그들에게서 발견되는 악(惡)이 우리에게는 아무런 유혹이 되지 못하는 까닭에 그들보다 우월하다고 느끼게 된다. 그러나 반대로 그들에게는 아무런 유혹이 되지 못하는 문제에 있어서 우리 눈에 들보가 있다는 것을 깨닫지 못한다(마 7:1-5 참조).

다른 사람들을 판단하는 병을 고칠 수 있는 유일한 약은 진정한 겸손이다. 하나님의 관점에서 우리를 보는 것, 즉 하나님께서 우리를 보시듯이 우리가 우리를 보는 것이 해결책이다.

　우리 모두가 하나님의 완전함에 이를 수 없기 때문에 그분께 용서를 받아야 한다는 것을 솔직히 인정하는 것이 교만을 극복할 수 있는 방법이다. 겸손해지는 사람은 이 지구상의 모든 사람들이 똑같은 문제를 안고 있다는 사실을 깨닫게 된다. 다시 말해서, 누가 누구보다 더 낫고 누가 누구보다 더 못한 것이 아니라는 사실을 깨닫게 된다. 그러므로 너나 할 것 없이 누구나 십자가에서 시작할 수밖에 없다.

　우리의 실패와 약점을 인정하고 하나님의 해결 방법인 그리스도의 십자가를 받아들일 때 교만의 정반대, 즉 겸손으로 나아가게 된다. 우리를 사랑하시는 하나님과의 관계 속에서 우리가 어떤 위치에 있는지를 알게 될 때 진정으로 겸손해질 수 있다.

거짓 겸손

　그러나 우리가 경계해야 할 거짓 겸손들이 있다. 거짓 겸손들 중 한 가지 극단적인 것은 자신이 아주 겸손하다는 것을 자랑하는 교만에 빠지는 것이다.

또 다른 형태의 거짓 겸손은 자기를 마땅히 변호해야 할 상황임에도 불구하고 용기가 없어 그렇게 하지 못하는 것이다. 이 경우에 해당하는 사람들은 자기주장을 분명히 하는 훈련을 받아야 할 것이다. 이런 사람들은 세상이 돌아가는 대로 끌려가기만 하기 때문에 세상에 아무런 영향을 미칠 수 없다.

거짓 겸손의 세 번째 형태는 학대를 받고도 잠자코 있는 것이다. 물론 겸손에는 자신보다 다른 사람을 앞세우고 복종하는 요소가 있는 것은 사실이다. 하지만 그렇다고 해서 무력해지는 것이 겸손은 아니다. 겸손은 우리가 그리스도 밖에서, 그리고 그리스도 안에서 어떤 존재인지를 알고 우리의 진정한 권세가 무엇인지를 아는 것이다.

위대한 선교사이자 목사요 저술가인 앤드류 머레이는 이렇게 말했다.

"우리는 세 가지 이유 때문에 겸손해야 한다. 첫째, 우리가 피조물이기 때문에 겸손해야 한다. 둘째, 우리가 죄인이기 때문에 겸손해야 한다. 셋째, 우리가 성도이기 때문에 겸손해야 한다."

다시 말해서, 우리가 하나님의 피조물이기 때문에, 잘못을 범하기 때문에, 그리고 은혜로 구원받았기 때문에 겸손해야 한다는 것이다. 그런데 그리스도인들은 너무나 자주 이 세 가지 이유 중에서 두 번째 이유만을 강조한다. 즉, 우리가 죄인이기 때문에 겸손해야 한다고 강조할 뿐이다. 물론 우리가 과거의 잘못과 현재의 약점 때문에 겸손해야 하는 것도 사실이지만, 그보다는 오히려 우리가 받은 은혜 때문에 더욱 겸손해야 한다.

어떤 사람들은 비천해지는 것이 겸손이라고 오해한다. 하지만 겸손은 자기비하(自己卑下)가 아니라 다른 사람들이 베푸는 것에 감사하는 마음을 품는 것이다.

겸손한 사람은 자기의 장점과 약점에 대해 솔직해질 수 있다. 겸손한 사람은 팀의 일원이면서 동시에 팀의 지도자로서 다른 사람들과 호흡을 맞춰 일할 수 있다. 겸손은 죄책감과 은혜, 사랑과 공의, 능력과 부족함을 이해한다.

그러므로 겸손해지려는 사람은 세심하게 균형을 잡아야 하는 어려움에 직면하게 된다. 하지만 우리 모두는 이런 어려움을 극복하고 적절한 균형을 잡아서 살아가는 기술을 터득해야 한다. 겸손은 사도 바울이 로마서에서 정곡을 찔러 가르친 삶의 태도라고 말할 수 있다.

내게 주신 은혜로 말미암아 너희 각 사람에게 말하노니 마땅히 생각할 그 이상의 생각을 품지 말고 오직 하나님께서 각 사람에게 나누어 주신 믿음의 분량대로 지혜롭게 생각하라 롬 12:3

이 구절에 나타난 겸손을 실증적으로 보여주는 성경의 인물이 두 사람 나오는데, 예수님은 이 두 사람의 큰 믿음을 칭찬하셨다.

로마 백부장의 겸손과 믿음

예수님께 믿음이 좋다고 칭찬을 들은 첫 번째 사람은 로마의 백부장이었다. 이 백부장은 예수님께 자기 종을 고쳐달라고 부탁했던 사람이다. 그의 겸손과 믿음은 권세에 대한 그의 이해에 뿌리내리고 있었다. 그는 예수님께 이렇게 말씀드렸다.

백부장이 대답하여 이르되 주여 내 집에 들어오심을 나는 감당하지 못하겠사오니 다만 말씀으로만 하옵소서 그러면 내 하인이 낫겠사옵나이다 나도 남의 수하에 있는 사람이요 내 아래에도 군사가 있으니 이더러 가라 하면 가고 저더러 오라 하면 오고 내 종더러 이것을 하라 하면 하나이다 예수께서 들으시고 놀랍게 여겨 따르는 자들에게 이르시되 내가 진실로 너희에게 이르노니 이스라엘 중 아무에게서도 이만한 믿음을 보지 못하였노라 마 8:8-10

이 백부장이 겸손한 사람인 것은 틀림없는 사실이다. 그는 이방인인 자기가 예수님을 감히 자신의 집에 모실 수 없다고 느꼈다. 그는 자기를 비하(卑下)한 것이 아니라 예수님을 높인 것이다.

또한 그는 자기보다 신분이 한참 낮은 종의 회복을 위해 간구할 정도로 자신의 종을 불쌍히 여긴 사람이었다. 그는 종의 질병이 자기의 권세로는 해결될 수 없는 문제이기 때문에 다른 사람에게 도움을 청할 수밖에 없다고 생각했다.

이 백부장은 군대에서 백 명의 부하를 지휘하는 사람이었다. 그리고 그의 권세의 뿌리는 로마제국이었다. 사실 그는 능력이 없는 사람이 아니었다. 마음만 먹었다면 그 지역 최고의 의사들을 동원할 수도 있었을 것이다. 그가 명령을 내리면 사람들이 신속히 그 명령대로 움직였을 것이다. 이렇게 막강한 사람이 왜 공손한 태도로 예수님께 나아왔을까? 왜 그는 예수님께 자기의 종을 고치라고 명령하지 않았을까?

이 백부장에게 큰 권세가 있었던 것은 사실이다. 하지만 그는 자기의 권세는 로마황제로부터 나왔지만 예수님의 권세는 하늘로부터 왔다는 것을 알고 있었다. 로마황제의 권세는 하늘의 권세에 비하면 너무 보잘것없는 것이었다.

그렇기 때문에 그는 (어쩌면 투구를 벗어 손에 들고) 겸손한 자세로 예수님을 찾아와 그분이 말씀만 하시면 자기 종이 나을 것이라는 확실한 믿음을 가지고 간구했던 것이다. 그는 겸손한 마음으로 찾아와, 겸손한 마음으로 받았다.

백부장은 자기가 아무것도 아니라고 생각했기 때문에 겸손했던 것이 아니었다. 그는 이 우주의 권세 서열에서 자기가 어디에 있는지를 똑바로 알았기 때문에 겸손할 수 있었다. 그가 자신을 과대평가한 것은 아니지만, 그렇다고 해서 자신을 과소평가한 것도 아니었다.

자신의 권세가 어떤 것인지 잘 알았던 그는 자기보다 위에 있는 사람을 존경하고 그에게 복종해야 하며, 자기보다 아래에 있는 사람에 대해서는 책임을 질 줄 알아야 한다고 믿었다. 우리가 우리보다 큰 권세를 가진 분에게 기쁨으로 복종하고, 또 다른 한편으로는 하나님이 정하신 권세의 서열에서 우리보다 아래에 있는 사람에 대해 자비와 책임감을 느낄 때 진정한 겸손이 드러난다.

이런 관점에서 볼 때, 겸손과 유사한 온유가 갈라디아서 5장 22,23절에서 성령의 열매 중 하나로 언급되는 것은 충분히 이해할 만한 일이다. 온유는 다른 사람들보다 자신을 높이기를 거부하는 것이다. 하나님께서 우리를 지켜주시는 분이라고 완전히 확신할 수 있을 때에만 비로소 온유해질 수 있다. 그분이 우리를 보고 계시며 그분의 말씀에 따라 우리에게 상을 주신다고 절대적으로 확신할 수 없다면 온유해질 수 없다.

온유한 사람은 자신의 유익을 위해 잔꾀를 부려 상황을 유리하게 만들려고 시도하지 않고 성공과 승진을 하나님의 손에 맡겨드린다. 이렇게 하는 것이 더 먼 길을 돌아가는 것일지는 몰라도 결국에는 더 많은 보상을 제공한다.

하나님께서는 모세를 지면의 모든 사람 중 가장 온유한 사람으로 여기셨다고 성경은 증거한다(민 12:3 참조). 그 이유는 무엇인가? 모세는 다른 사람들이 자기에게 도전하고 반항할 때마다 얼굴을 땅에 대고 하나님의 조언을 구했다. 결국 하나님께서 개입하셨을 때 모세의 권위에 도전한 사람들은 언제나 하나님의 택하신 지도자에게 반항한 것을 후회하게 되었다.

가나안 여자의 겸손과 믿음

큰 믿음 때문에 예수님에게 칭찬을 들은 두 번째 사람은 그분께 자기의 딸을 고쳐달라고 간구한 여자였다. 우선 이 여자에 대한 기록을 읽어보자.

예수께서 거기서 나가사 두로와 시돈 지방으로 들어가시니 가나안 여자 하나가 그 지경에서 나와서 소리 질러 이르되 주 다윗의 자손이여 나를 불쌍히 여기소서 내 딸이 흉악하게 귀신 들렸나이다 하되 예수는 한 말씀도 대답하지 아니하시니 제자들이 와서 청하여 말하되 그 여자가 우리 뒤에서 소리를 지르오니 그를 보내소서 예수께서 대답하여 이르시되 나는 이스라엘 집의 잃어버린 양 외에는 다른 데로 보내심을 받지 아니하였노라 하시니 여자가 와서 예수께 절하며 이르되 주여 저를 도우소서 대답하여 이르시되 자녀의 떡을 취하여 개들에게 던짐이 마땅하지 아니하니라 여자가 이르되 주여 옳소이다마는 개들도 제 주인의 상에서 떨어지는 부스러기를 먹나이다 하니 이에 예수께서 대답하여 이르시되 여자여 네 믿음이 크도다 네 소원대로 되리라 하시니 그때로부터 그의 딸이 나으니라 마 15:21-28

이 사건은 여러 가지 면에서 정말 대단하다. 이 여자의 믿음과 끈기를 보라! 유대인이 아니었던 이 여자는 예수님께 무엇을 구할 자격이 자기에게 없다는 것을 잘 알았다. 예수님이 그녀의 민족을 '개'라고 칭했을 때도 그녀는 그 말씀이 옳다고 받아들였다. 그녀는 당시 자기가 서 있는 위치를 잘 알았다.

그런데 한 걸음 더 나아가 그녀는 하나님의 사랑을 알았고, 자기 딸을 향한 자신의 사랑을 알았다. 그녀가 예수님께 드린 대답은 충동적인 것이었다. 심지어는 반항적인 것이라고 해석될 수도 있었다. 하지만 겸손한 태도로 예수님께 나아갔던 이 여자는 "노"(No)가 하나님께서 자기에게 정말로 주시는 대답이 아니라는 것을 알았다. 그녀는 예수님의 응답을 받을 때까지 머리를 숙이고 간구하고 기다릴 줄 알았다. 상황이 어떻게 돌아가든, 자기가 어떤 대접을 받든,

다른 사람들이 자기를 어떻게 생각하든 상관없이 말이다. 이런 것들은 그녀에게 전혀 문제가 되지 못했다. 하나님의 약속을 믿는 큰 믿음이 없다면 절대로 겸손해질 수 없다.

선물과 감사

솔로몬은 왕이었다. 왕이라고 하면 겸손과는 거리가 먼 존재라고 여기는 것이 우리의 통념이다. 그러나 솔로몬은 자신이 가진 권세가 하나님이 주신 것이고, 자기가 아버지 때문에 하나님께 은혜를 입었다는 것을 잘 알았다. 또한 그는 하나님이 자기에게 이스라엘 백성을 다스릴 책임을 부여하셨다는 것을 잘 알았다.

그렇기 때문에 그분이 꿈에 나타나셨을 때, 그는 하나님의 선하심과 자비를 찬양하는 감사의 말씀을 올렸다. 그는 자기가 받은 선물과 지위 때문에 교만해져서는 안 되며, 오히려 감사해야 한다는 것을 인정했다.

당시 이스라엘에서 가장 큰 자라 할 수 있었던 그는 모든 사람을 섬기는 종이 되기 위해 하나님 앞에 무릎을 꿇는 편을 택했다. 그는 자신을 큰 자로 만들어달라고 구하지 않고, 하나님의 백성을 큰 나라로 만들 수 있는 지혜를 달라고 구했다. 실제로 그의 통치 40년 동안 이스라엘은 큰 나라였다.

어떤 아이가 부모로부터 특별한 생일선물을 받았다고 가정해보자. 다른 모든 아이들이 다 갖고 싶어 하는 그런 선물이었다. 아이는 그 선물을 친구들과 함께 사용할 수도 있고, 아니면 자기 벽장 깊은 곳에 두고 혼자만 사용할 수도 있을 것이다. 어떤 선택을 할지는 선물의 성격과 아이의 마음에 달려 있지만, 아무튼 이 아이에게는 자기가 받은 생일선물을 자기 뜻대로 사용할 권리가 있다.

그의 부모는 아이에게 왜 선물을 주었을까? 물론 자녀를 사랑하기 때문이다. 그런데 만일 아이가 자기가 받은 선물 때문에 스스로 특별한 존재라고 여기고 친구들 위에 군림하며 대장노릇을 하려고 한다면, 그것은 완전히 잘못된 것이다. 아이는 부모의 선물 때문이 아니라 부모의 사랑 때문에 뿌듯함을 느껴야 한다. 하지만 아이들은 성숙한 사고를 하지 못하기 때문에 이 진리를 망각하고 교만에 빠질 때가 많다.

그렇다면 어른들은 다른가? 별로 다르지 않은 것이 우리의 현실이다. 너무나 자주 우리는 우리에게 선물을 주신 하나님을 잊어버리고 그 선물 때문에 우리가 특별한 존재라는 착각에 빠진다. 그러나 우리는 선물 때문에 교만에 빠져서는 안 된다. 오히려 솔로몬처럼 겸손한 마음을 품고 선물이 상징하는 사랑에 대해 감사해야 한다. 하나님께서는 교만한 거지를 원하지 않으시며, 겸손한 왕을 원하신다.

겸손해야 나눌 수 있다

우리가 받은 선물에 대해 감사를 표현하는 가장 좋은 방법 중 하나는, 그것을 하나님의 뜻에 따라 사용하면서 그것이 최대한 많은 사람들에게 복의 통로가 되도록 만드는 것이다. 이에 대해 솔로몬은 이렇게 말했다.

> 겸손과 여호와를 경외함의 보상은
> 재물과 영광과 생명이니라
> 잠 22:4

하나님께 복을 받아서 그 복을 다른 사람들에게 나누어주려면 겸손해져야 한다. 여호와께서 "부하게 하고 근심을 겸하여 주지 아니하시는"(잠 10:22) 사람은 누구인가? 오직 겸손한 사람이다.

겸손하지 않고도 큰일을 이룬 사람들이 일부 있기는 하지만, 진정으로 위대한 사람들은 전부 겸손하다.

겸손은 모든 의로운 지도력과 고결함의 기초이다. 솔로몬은 겸손했다. 그는 개인적으로 복 받기를 구하지 않고, 다른 사람들을 위한 복의 통로가 되게 해달라고 구했다. 우리는 그에게 겸손을 배워 이 세상에 큰 영향을 끼쳐야 한다. 이런 목적을 위해 하나님께서 이 시대에 우리를 부르신 것이다.

겸손을 위한 기도

아버지여!

아버지께서 우리를 부르시어

하나님나라의 자녀와 상속자로 삼아주시니

예수님의 이름으로 감사드립니다.

주께서는 주의 사랑의 빛을 비추어

하나님나라를 확장할 수 있는 자리에 저를 두셨습니다.

주여!

제가 가르침을 잘 받아들이는 자가 되게 하시고,

백부장과 가나안 여자처럼

담대히 겸손해지는 법을 배우게 하소서.

저는 오직 주님의 말씀만을 온전히 의지하기를 원합니다.

조금도 흔들리지 않고 주님의 약속을 붙들기를 원합니다.

주님의 선하심과 사랑을 언제까지나 확신하기를 원합니다.

제가 교만해지지 않도록 붙드소서.

제게 겸손을 가르쳐주소서.

그리하시면 저의 걸음걸음마다

주님의 인도하심과 지혜를 구하는 가운데

제 인생 최고의 소망이

날마다 새롭게 시작될 것입니다.

지혜와 진리의 성령님을 통해 저를 인도하소서.

저는 언제나 주님을 믿습니다.

저를 이끄시고 저에게 주님의 길을 가르치소서.

겸손하라

솔로몬이 하나님 앞에서 자신을 어린아이처럼 낮추기로 선택했기 때문에 하나님은 그를 큰 자로 만들어주셨다.

우리를 사랑하시는 하나님과 우리 사이의 관계를 깨닫고, 그분이 그분의 약속대로 우리를 돌보실 것이라고 믿고 의지하는 것이 곧 겸손이다. 큰 믿음이 없으면 진정으로 겸손해질 수 없다.

당신은 얼마나 겸손한가? 당신의 믿음은 얼마나 강한가?

> 교만이 오면 욕도 오거니와 겸손한 자에게는 지혜가 있느니라
>
> 잠언 11장 2절

겸손한

- 교만하거나 도도하지 않은, 거만하거나 독단적이지 않은
- 존경이나 복종의 태도를 드러내고 표현하거나 그런 태도로 무언가를 제안하는 것

사람이 교만하면 낮아지게 되겠고 마음이 겸손하면 영예를 얻으리라 (잠 29:23)

**재능/은사
(선물)**

- 주목할 만한 능력, 재주, 또는 소질
- 어떤 사람이 다른 사람에게 보답을 바라지 않고 자발적으로 주는 것

이와 같이 우리 많은 사람이 그리스도 안에서 한 몸이 되어 서로 지체가 되었느니라 우리에게 주신 은혜대로 받은 은사가 각각 다르니 혹 예언이면 믿음의 분수대로 (롬 12:5,6)

주께서 택하신 백성 가운데 있나이다
그들은 큰 백성이라
수효가 많아서 셀 수도 없고
기록할 수도 없사오니

열왕기상 3장 8절

chapter 6

종의 마음으로 섬기기를 선택하라

솔로몬은 다윗 궁 발코니에 서서 시온산을 바라보았다.
그가 왕위에 오르고 4년이 흐른 지금, 이스라엘은 눈에 보이는 모
든 지역을 다스리는 강한 나라가 되었다. 이스라엘 역사상 처음이
었다. 애굽과는 정략결혼을 통하여 동맹관계를 맺었다. 이스라엘
민족이 약속의 땅에 들어오기 전에 그 땅에 살았던 나라들은 모두
진멸되거나 솔로몬에게 조공(朝貢)을 바치는 입장으로 전락했다.
이스라엘 왕국은 북쪽으로는 베니게(Phoenicia) 및 유브라데 강,
남쪽으로는 애굽, 서쪽으로는 지중해 및 블레셋, 그리고 동쪽으로
는 아람 광야와 접경했다.

　이제 이스라엘은 지극히 큰 나라가 되었고 솔로몬은 지극히 큰

왕이 되었다. 많은 사람들이 그에게, 이제는 즐길 때가 되었다고 조언했다. 다시 말해서 궁전을 더 크게 짓고, 예루살렘의 성벽을 확장하고, 금은보화를 늘리라고 충고했다.

그러나 솔로몬이 중요하게 여기는 것은 달랐다.

이스라엘에서 하나님이 거하시는 장소는 여전히 장막이었다. 그분의 백성에게는 영원한 둥지가 마련되었다. 다시 말해서, 그들이 이방인으로서 들어갔던 땅이 이제는 그들의 소유가 되었다. 그런데 하나님은 여전히 장막에 거하셨다. 그러므로 이제 그분에게 영원한 처소를 마련해드릴 때가 된 것이 아닌가? 솔로몬의 아버지 다윗이 항상 염원했던 것처럼 말이다.

"전하, 두로 왕 히람의 신하들이 도착하여 알현을 원합니다."

"들여보내라."

솔로몬은 거절하지 않았다.

히람의 신하들은 솔로몬 앞에 무릎을 꿇어 경의를 표하고 그의 치적(治績)을 찬양했다.

"전하의 선왕(先王) 다윗을 언제나 사랑하신 히람 왕께서 친구의 아들이신 왕께 문안하기 위해 저희를 보내셨습니다. 히람 왕은 두로가 앞으로도 계속 이스라엘과 우호적 관계를 유지할 것이라고 맹세하셨습니다. 저희가 가져온 조공은 단지 일부에 불과합니다. 두로는 전하의 집이 원하는 것이라면 무엇이든지 최선을 다해 돕겠습니다."

솔로몬은 미소를 지었다. 그는 어렸을 때부터 히람을 알았다. 히람은 그의 아버지의 좋은 친구였다. 두로는 지중해로부터 동쪽의 광야에 이르는 지역에서 생산되는 최고의 건축용 목재를 제공했다. 솔로몬이 여호와를 위하여 성전을 지을 경우 가장 먼저 도움을 청해야 할 사람은 단연 히람이었다.

히람의 신하들의 말을 들은 솔로몬은 히람 왕에게 다음과 같이 전하라고 말했다.

당신도 알거니와 내 아버지 다윗이 사방의 전쟁으로 말미암아 그의 하나님 여호와의 이름을 위하여 성전을 건축하지 못하고 여호와께서 그의 원수들을 그의 발바닥 밑에 두시기를 기다렸나이다 이제 내 하나님 여호와께서 내게 사방의 태평을 주시매 원수도 없고 재앙도 없도다 여호와께서 내 아버지 다윗에게 하신 말씀에 내가 너를 이어 네 자리에 오르게 할 네 아들 그가 내 이름을 위하여 성전을 건축하리라 하신 대로 내가 내 하나님 여호와의 이름을 위하여 성전을 건축하려 하오니 당신은 명령을 내려 나를 위하여 레바논에서 백향목을 베어내게 하소서 내 종과 당신의 종이 함께할 것이요 또 내가 당신의 모든 말씀대로 당신의 종의 삯을 당신에게 드리리이다 당신도 알거니와 우리 중에는 시돈 사람처럼 벌목을 잘하는 자가 없나이다 **왕상 5:3-6**

히람의 신하들이 떠난 후에도 솔로몬은 계속 시온산을 응시했다. 그는 히람의 응답을 기다렸다. 그리고 그의 응답이 도착하면 시온산에 여호와의 전을 즉시 건축하라는 명령을 내릴 작정이었다. 솔로몬은 자신의 궁전을 짓기 전에 이 땅 위에 여호와의 영원한 처소를 짓겠다던 아버지의 꿈을 이루어드리기를 원했다.

히람은 솔로몬의 말을 듣고 "크게 기뻐하여 이르되 오늘 여호와를 찬양할지로다 그가 다윗에게 지혜로운 아들을 주사 그 많은 백성을 다스리게 하셨도다"(왕상 5:7)라고 했다. 히람은 솔로몬이 지혜로운 자로서 종의 마음으로 섬길 줄 아는 사람이란 것을 알게 되었다.

종과 노예

성경에는 '노예'와 '종'이라는 두 가지 단어가 나온다. 이 두 단어가 때로는 동일한 뜻으로 사용되기도 하지만, 때로는 구별되어 사용되기도 한다.

자신이 원하지 않는데도 노예로 전락하여 주인의 소유물이 된 사람이 노예이다. 또는 가족이 빚을 갚기 위해 가족 중 한 사람을 팔경우 그는 노예가 된다. 요셉이 이런 의미의 노예가 되어 애굽에서 살았다. 하나님께서 모세를 보내어 구해내려고 하셨던 이스라엘 민족도 애굽에서 이런 의미의 노예였다.

이런 노예는 노예 신분에서 벗어나 자유를 누릴 날을 학수고대했을 것이며, 주인에게 벌을 받지 않을 정도로만 일했을 것이다. 만일 주인에게서 도망칠 기회가 주어진다면 기꺼이 도망했을 것이다.

그러나 종은 성격이 좀 다르다. 정해진 일을 다 마치고 빚을 갚았기 때문에 자유의 몸이 될 수도 있지만 주인을 계속 섬기기로 선택한 사람이 종이다. 그가 이런 선택을 한 것은 주인을 기쁘게 해주고 모든 면에서 주인의 집에 유익을 끼치길 원하기 때문이다.

종은 단지 주어진 일을 끝내는 것으로 만족하지 않고 성심성의껏 일하기 때문에 주인의 두터운 신임을 얻게 된다. 이에 해당하는 좋은 예가 바로 요셉이다. 그는 처음에 바로의 신하인 시위대장 보디발의 집에 노예로 팔려갔지만, 성심성의껏 일함으로 주인의 신임을 얻었다. 그의 일처리가 탁월하고 그의 태도가 믿음직스러웠기 때문에 보디발은 자신의 모든 소유를 그에게 위임했다.

섬기는 편을 택하라

오늘날도 '종 같은 지도자'가 있다. 이런 지도자는 자기가 만나는 모든 사람, 자기와 관계된 모든 계획, 그리고 자기에게 주어진 모든 과업에 긍정적으로 기여하기를 갈망한다. 그는 자기가 관리하는 팀이나 부양하는 가족을 위해 일하는 편을 택한다. 그는 다른 사람들의 용기를 북돋아 모두가 함께 전진하도록 만든다. 그는 믿을 만한 지도자이다. 한 마디로 말해서, 이런 지도자는 에베소서에 기록된 바울의 교훈을 잘 지키는 사람이다.

> 종들아 두려워하고 떨며 성실한 마음으로 육체의 상전에게 순종하기를 그리스도께 하듯 하라 눈가림만 하여 사람을 기쁘게 하는 자처럼 하지 말고 그리스도의 종들처럼 마음으로 하나님의 뜻을 행하고 기쁜 마음으로 섬기기를 주께 하듯 하고 사람들에게 하듯 하지 말라 이는 각 사람이 무슨 선을 행하든지 종이나 자유인이나 주께로부터 그대로 받을 줄을 앎이라 엡 6:5-8

솔로몬이 바로 '종 같은 지도자'였다. 그가 볼 때, 하나님의 백성은 권력과 명성을 쌓아올리기 위한 수단이 아니라 섬겨야 할 큰 나라였다. 그가 이스라엘의 왕이 된 것은 자신의 유익을 위해서가 아니라 백성의 유익을 위해서였다. 자신의 욕망을 앞세우지 않았던 그는 백성을 섬기고 하나님께 영광을 돌리기 위하여 일하는 편을 택했다.

그 결과, 그는 성전 건축을 그의 통치의 첫 과제로 삼았다. 성전 건축을 위해 비용을 아끼지 않았던 그는 최고의 기술자들을 동원하여 최고의 재료로 성전을 짓게 했다. 하나님의 영원한 처소를 예루살렘에 짓는 것은 하나님 백성의 미래를 위한 가장 확실한 투자였다. 이 처소는 영원히 여호와께 드리는 기도의 상징이며, 동시에 실제적인 기도의 장소가 될 것이었기 때문이다.

책임을 받아들여라

진정한 종의 또 다른 특징은 책임을 회피하려고 애쓰지 않고 오히려 받아들이는 것이다. 성전 건축은 아버지 다윗의 꿈이었던 것이 사실이지만, 어쨌든 솔로몬은 성전 건축의 과업을 떠맡았다. 또한 이스라엘 백성을 인도하고 그들의 분쟁을 공평히 재판하는 책임도 기꺼이 떠맡았다.

스스로 책임을 떠맡는 모범을 완벽하게 보이신 분은 예수님이시다. 그분은 죄를 범하지 않으셨지만 십자가에서 팔을 벌려 죽으심으로써 모든 죄의 형벌을 담당하셨다.

종의 마음으로 살아가는 사람의 또 다른 특징은 다른 사람들을 위해 중보기도 하는 것이다. 당신은 심지어 알지도 못하는 사람들을 위해 하나님과 그들 사이에 설 용의가 있는가? 당신은 당신이 속한 공동체가 그리스도의 빛과 선하심을 맛볼 수 있도록 사도 바울처럼 기도할 용의가 있는가?

그러므로 내가 첫째로 권하노니 모든 사람을 위하여 간구와 기도와 도고와 감사를 하되 임금들과 높은 지위에 있는 모든 사람을 위하여 하라 이는 우리가 모든 경건과 단정함으로 고요하고 평안한 생활을 하려 함이라 이것이 우리 구주 하나님 앞에 선하고 받으실 만한 것이니 하나님은 모든 사람이 구원을 받으며 진리를 아는 데에 이르기를 원하시느니라 **딤전 2:1-4**

자원하여 책임을 떠맡는 종은 만국(萬國)의 정부를 위해, 그리고 자기 교회가 아닌 다른 교회들을 위해 기꺼이 기도한다. 하나님의 약속의 성취를 맛보아야 할 다른 그리스도인들, 그리고 이 세상 어딘가에서 박해를 당하고 있는 다른 그리스도인들을 위해 기도할 사람들이 이 세상에 있어야 한다.

당신은 하늘의 하나님의 보좌 앞에 당신의 기도제목을 내놓기 전에 손을 들어 다른 사람들을 위해 기도할 용의가 있는가?

순종이 중요하다

우리는 다른 사람들 위에서 그들을 향해 권세를 휘두르는 것이 위대한 것이라고 생각하는 경향이 있다. 잠언 30장 21,22절은 노예가 왕이 되면 폭군으로 변할지도 모른다고 경고한다.

땅을 뒤흔들 일이 세 가지,

땅이 꺼질 일이 네 가지 있으니,

곧 종이 임금이 되고 바보가 부자 되고

잠 30:21,22

마태복음에는 예수님이 제자들에게 천국에서 큰 자가 누구인지에 대해 가르쳐주신 기록이 나온다.

그때에 제자들이 예수께 나아와 이르되 천국에서는 누가 크니이까 예수께서 한 어린아이를 불러 그들 가운데 세우시고 이르시되 진실로 너희에게 이르노니 너희가 돌이켜 어린아이들과 같이 되지 아니하면 결단코 천국에 들어가지 못하리라 그러므로 누구든지 이 어린아이와 같이 자기를 낮추는 사람이 천국에서 큰 자니라 마 18:1-4

예수님이 언젠가는 이 땅에 나라를 세우실 것이라고 믿었던 제자들은 그 나라에서 누가 높은 지위와 권세를 차지할 것인지를 놓고 언쟁을 벌였다. 그들은 "천국에서는 누가 크니이까"(마 18:1)라고 질문했지만, 여기에서 '천국'이라는 영적인 표현을 쓴 것은 그들의 의도를 숨기기 위해서인 것 같다.

그들의 질문에 대한 예수님의 대답에는 두 가지 의미가 담겨 있다. 아마도 옆에서 뛰어가는 한 어린아이를 불러 그들 가운데 세우신 예수님은 천국에 들어가려면 어린아이 같은 자세가 필요하다고 말씀하셨다. 여기에서 어린아이 같은 자세는 순진함, 호기심, 기쁨, 특히 순전한 믿음과 기꺼이 신뢰하려는 마음을 의미한다. 이것이 예수님의 대답이 지닌 첫 번째 의미이다.

그분의 대답에 담긴 두 번째 의미가 있다. 우리는 그분이 계속하여 "너희는 큰 자가 되기를 원하느냐? 그렇다면 이 아이처럼 겸손해져야 한다"라고 말씀하셨으리라고 상상할 수 있다.

앞에서 이미 살펴보았듯이, 겸손은 감사와 관계가 있고, 또한 우리와 하나님 사이의 관계 및 그분의 계획 안에서의 우리의 위치를 깨닫는 것과 관계가 있다. 아이는 겸손하기 때문에 자기를 돌보아주는 사람들을 신뢰한다. 아이는 자기가 그들에게 의지할 수밖에 없다는 것을 잘 안다. "천국에서 진정으로 위대한 자가 되려면 어린아이처럼 겸손히 신뢰해야 한다"라는 것이 마태복음 18장 1-4절에 대해 사람들이 흔히 내놓는 해석이다.

하지만 예수님의 말씀에서 다른 의미를 더 찾을 수는 없을까? 천국에서의 위대함이 순종과는 관계가 없을까?

예수님이 불러 제자들 가운데 세우신 어린아이가 특별한 아이라는 암시는 성경의 기록에 전혀 나오지 않는다. 그분은 소년 바울을 부르신 것도 아니고, 장차 커서 위대한 교부(敎父)가 될 아이를 세우신 것도 아니었다. 그저 그런 평범한 아이를 불러 세우셨다. 이 아이는 뭔가 하고 있었을 것이고, 그분이 부르시자 자기가 하던 것을 즉시 멈추고 그분이 시키는 대로 행했다.

어쩌면 이 아이는 자기가 하고 있던 놀이를 멈추고 싶지 않았을지도 모른다. 아니면 다급한 사정에 처한 부모를 위해 심부름을 가고 있었는지도 모른다. 예를 들면, 누군가 병이 들어 의사를 부르러 간다거나 저녁 식사거리를 사기 위해 시장으로 달려가는 것 말이다. 그러나 무엇을 하고 있었든 그 아이는 예수님의 말씀을 들었을 때 자기가 하던 것을 멈추고 그분의 말씀에 따랐다.

결론적으로 말해서 우리는 예수님이 "위대한 자가 되려는 사람은 모든 사람을 섬기는 종이 되어야 하고, 어린아이처럼 신뢰하고 순종해야 한다"라고 가르치셨다고 정리할 수 있다.

노예 되기를 거절하라

우리가 종이 되는 것을 선택한다면 어떤 상황이나 사람도 우리를 노예로 만들 수 없다. 더 오를 곳이 없는 직업, 신체적 장애, 온전치 않은 가정환경 같은 것들이 우리를 위협한다 할지라도 우리에게는 선택권이 있다. 상황에 지배당하든지, 아니면 상황 속에서 성숙하여 다른 사람들을 위한 복의 통로가 되든지 둘 중 하나를 선택할 수 있다는 말이다.

요셉을 다시 생각해보자. 요셉은 아버지의 편애와 그의 미숙한 자존심에 진저리가 난 형들에 의해 노예로 팔려 애굽까지 가게 되었다. 이것은 그에게는 막다른 골목과 같은 상황이었다. 그러나 그는 애굽에서 불평과 체념에 빠져 허송세월한 것이 아니라 하나님을 신뢰하고 전심으로 섬기는 편을 택했다. 그 결과, 그의 주인 보디발은 형통하였고, 그 역시 형통하였다. 주인의 모든 것을 관리하는 권한이 그에게 주어졌다.

그러나 그 후 보디발의 아내가 요셉에게 주목하더니 자기와 동침할 것을 요구했다. 하지만 요셉은 그런 행위가 하나님과 자기의 주인에게 죄를 짓는 것이라고 여겼기에 거절했다. 그의 거절에 분노한 보디발의 아내는 그에게 강간 혐의를 덮어씌웠고, 그는 재판도 받지 못한 채 투옥되었다.

그가 노예로 팔려 처음 애굽으로 끌려온 것이 고난이었다면, 지금의 이 경우는 그보다 훨씬 더 심한 고난이었다. 당시 애굽의 감옥은 생활하기에 편한 곳이 결코 아니었다.

그러나 요셉은 역시 불평으로 허송세월한 것이 아니라 섬기는 편을 택했다. 그 결과, 복을 받아 감옥을 다스리는 위치까지 오르게 되었다. 보디발의 집에서 그랬던 것처럼 말이다. 최악의 상황 속에서도 그는 자신의 은사를 계속 갈고 닦았다.

그 후 애굽의 왕 바로는 꿈을 해석해야 할 절박한 입장에 놓이게 되었고, 결국 요셉이 꿈의 해석자로 부름 받게 되었다. 주어진 기회를 선용할 수 있는 준비와 능력이 요셉에게는 이미 갖추어져 있었다. 왕의 꿈을 해석하는 데 성공한 그는 하루아침에 밑바닥에서 최고의 자리로 수직상승하였다. 그리고 다시는 뒤를 돌아볼 필요가 없어졌다.

그가 성공할 수 있었던 이유 중 하나는 노예가 되기를 거절하고 대신 종으로서 섬기는 편을 택한 것이다. 그는 상황의 노예가 되는 것을 거절했을 뿐만 아니라 자신의 분노와 증오와 정욕의 노예가 되는 것도 거부했다. 만일 그가 보디발의 아내의 유혹에 굴복했다면 감옥에서 바로의 떡 굽는 관원장을 만나지 못했을 것이고, 결국 그의 삶의 운명과도 같은 애굽 총리의 자리에 오르지도 못했을 것이다.

갈라디아서 5장 22,23절에서는 '절제'가 성령의 열매 중 제일 나중에 언급되지만, 사실 절제는 다른 모든 성령의 열매를 떠받치고 있다. 옳은 것을 선택하는 데 필요한 절제심이 없다면, 다시 말해서 하나님의 말씀과 성령의 인도하심을 따르기를 선택하는 데 필요한 절제심이 없다면, 사랑과 희락과 화평과 오래 참음과 자비와 양선과 충성이 우리의 삶 속에서 풍성히 자랄 수 없기 때문이다.

예수님은 주께서 우리를 해방시키실 때까지는 우리가 죄의 노예라고 말씀하셨다(요 8:34-36 참조). 요셉과 예수님처럼 아버지를 섬기기로 선택하는 사람들만 진정으로 자유로울 수 있다. 그렇지 않은 사람들은 분노와 증오와 정욕과 상황에 사로잡힌 노예가 될 수밖에 없다.

흔들리지 않는 신뢰가 필요하다

솔로몬은 통치 초기에는 하나님을 섬기는 편을 선택했지만, 후에는 다른 선택을 했다. 이런 잘못된 선택은 그의 삶과 권세에 크게 부정적인 영향을 미쳤다. 당신은 종의 마음을 갖기 원하는가? 그렇다면 어떤 상황에서도 종으로 섬기기를 택할 수 있는 영적 근육을 키워야 한다.

영적 근육을 키우는 데 종종 방해가 되는 것은 우리의 신뢰심 부족이다. 신뢰심은 무엇인가? 신뢰심은 해일 같은 역경이 몰려와도 하나님께서 우리 편이시라고 믿기로 선택할 수 있는 능력이다. 다시 말해서, 그분이 우리와 우리의 소중한 것을 지켜주기를 원하시고, 또 그렇게 하실 것이라고 믿기로 선택할 수 있는 능력이다.

그런데 딱하게도 우리는 큰 딜레마에 빠져 있다. 한편으로는 어려움에 처한 사람들을 향한 긍휼의 마음 때문에 우리의 은사와 능력을 사용하여 그들을 섬기기를 원한다. 그러나 또 한편으로는 우리의 다급한 문제가 해결되지 못할 수도 있다는 두려움에 사로잡혀 잔뜩 움츠러들어서는 '나부터 살고 보자'라는 식으로 나가는 경향이 있다. 우리는 우리 속에 잠재되어 있는 하나님을 향한 불신 때문에 고통당한다.

'하나님이 정말 내게 관심을 가지고 계신가? 정말 그분이 내게 최고의 것을 주기 원하시는가?'

이런 의문이 우리를 사로잡는다. 이렇게 생각하다 보면 결국 우리의 문제를 우리의 힘으로 해결하려 시도하게 되고, 그 결과 관심의 초점을 다른 사람들에게서 우리 자신에게로 돌리고 만다.

그렇다면 이 문제를 어떻게 해결해야 하는가? 해결 방법은, 의심과 두려움이 찾아올 때 예수님이 우리를 위해 그분의 모든 권리를 포기하고 큰 희생을 치르셨다는 것을 기억하는 것이다. 그분은 희생의 의미를 아셨다. 그분이 바로 희생의 삶을 사셨다! 우리를 지극히 사랑하셨기 때문에 자원하여 그렇게 하셨다!

그러므로 당신을 향한 그분의 희생과 사랑을 알고도 여전히 '하나님께서 내게 관심을 가지고 계신가?'라고 의심한다면 그 무엇도 당신의 의심을 고쳐줄 수 없다. 그분이 보여준 행위는 "그렇다. 내가 너를 사랑한다!"라고 크게 외치고 있다! 더 이상 무슨 증거가 필요하겠는가?

당신을 향한 그분의 흔들리지 않는 사랑과 관심을 당신의 마음

속에 밀봉(密封)하여 도장을 찍어달라고 기도하라. 그분이 그렇게
해주실 때 당신은 종의 마음을 가지고 살아갈 수 있다.

🌀 종의 마음을 갖기 위한 기도

아버지여!

주께서 저를 위해 큰 희생을 치르셨으니

예수님의 이름으로 찬양하고 감사합니다.

그 희생이 아버지께서 저를 결코 내버려두지 않으시고

언제나 돌보아주실 것을 보증하는 증거란 사실을

제 마음에 깊이 새기게 하소서.

이제 제가 순종하는 마음으로 아버지를 섬기고

아버지께서 제게 주신 풍성한 복으로

다른 사람들을 섬기게 하소서.

아버지의 말씀을 깨닫고 그 말씀에 순종하게 하소서.

제가 순종할 때 아버지께서 모든 어려움으로부터

저를 지켜주실 것을 믿고 의지하게 하소서.

아버지여!

주께서 저에게 맡기신 모든 일에 충성할 수 있도록

제 발걸음을 인도하소서.

제가 언제나 아버지께 영광을 돌리며 살아가도록

항상 제 마음을 살펴주소서.

어디로 가든지 아버지의 빛이 저를 통해 비취게 하소서.

여디디야 **6** 삶의 비결

섬기고 순종하는 길을 택하라

솔로몬은 종의 마음을 가지고 통치했다. 그는 자신의 권세가 오고 오는 수많은 세대들을 위한 복의 통로가 되도록 했다. 진정한 종은 자기를 낮추고 다른 사람들의 최고의 유익을 추구한다. 왜냐하면 하나님께서 자신의 모든 필요를 다 채워주실 것임을 알기 때문이다. 진정한 종은 솔로몬처럼 자신보다 위에 있는 권세에 자발적으로 복종한다. 만일 당신이 종의 마음으로 살아가기를 선택한다면, 당신 위에 있는 사람들과 당신이 책임진 사람들 모두에게 복의 통로가 될 수 있다. 솔로몬이 바로 이런 삶을 살았다.

생활 속에서 다른 사람들과 갈등이 생길 때 당신은 어떤 동기에 의해 행동하는가?

> 너희 중에 있는 하나님의 양 무리를 치되 억지로 하지 말고
> 하나님의 뜻을 따라 자원함으로 하며
> 더러운 이득을 위하여 하지 말고
> 기꺼이 하며 맡은 자들에게 주장하는 자세를 하지 말고
> 양 무리의 본이 되라
>
> 베드로전서 5장 2,3절

섬기다

● 쓸모 있다, 믿을 만하다

너희 중에는 그렇지 않을지니 너희 중에 누구든지 크고자 하
는 자는 너희를 섬기는 자가 되고 너희 중에 누구든지 으뜸이
되고자 하는 자는 모든 사람의 종이 되어야 하리라 인자가
온 것은 섬김을 받으려 함이 아니라 도리어 섬기려 하고 자기
목숨을 많은 사람의 대속물로 주려 함이니라 (막 10:43-45)

책임져야 할/
책임감이 강한

● 해명하라는 요구를 받을 수밖에 없는, 일차적인 원인이나 동기, 또
는 행위자로서 책임을 느껴야 하는
● 자신의 행동과 의무에 대해 책임질 수 있는, 신뢰할 만한

그는 실로 우리의 질고를 지고 우리의 슬픔을 당하였거늘 우
리는 생각하기를 그는 징벌을 받아 하나님께 맞으며 고난을
당한다 하였노라 그가 찔림은 우리의 허물 때문이요 그가 상
함은 우리의 죄악 때문이라 그가 징계를 받으므로 우리는 평
화를 누리고 그가 채찍에 맞으므로 우리는 나음을 받았도다
(사 53:4,5)

누가 주의 이 많은 백성을 재판할 수 있사오리이까
듣는 마음을 종에게 주사
주의 백성을 재판하여
선악을 분별하게 하옵소서

열왕기상 3장 9절

chapter 7

하나님의 통찰력, 지혜를 구하라

그 여자들은 창기였다. 이 두 여자가 아기 한 명을 데리고 솔로몬의 궁전에 나타났을 때, 솔로몬은 그들의 표정에서 서로를 향한 경멸을 읽을 수 있었다. 모세의 율법에 따라 그들은 돌로 쳐 죽임을 당할 수도 있었다.

그런데도 그들은 자기들을 정죄할 수도 있는 궁전 안으로 걸어 들어오고 있었다. 무슨 절박한 문제가 있기에 왕까지 나서서 재판을 해야 할 지경에 이르렀는가? 왕에게 오기 전에 하급(下級) 재판관들이 판단할 수는 없었는가?

두 여자 중 한 명이 먼저 나서서 이렇게 주장했다.

"내 주여, 이 여자와 저는 같은 집에 사는데, 저는 이 여자가 집에 있을 때 아이를 낳았습니다. 그리고 제가 아이를 낳은 지 삼 일만에 이 여자도 아이를 낳았습니다. 집에는 우리 두 사람 외에 다른 사람이 없었습니다. 그런데 밤에 저 여자가 그녀의 아들 위에 누운 까닭에 그 아들이 죽었습니다. 저 여자가 밤중에 일어나 제가 잠든 사이에 제 아들을 데려다가 자기 품에 누이고 자기의 죽은 아들을 제 품에 뉘였습니다. 아침에 아이에게 젖을 먹이려고 일어나보니 아이가 죽어 있는 것입니다. 그래서 자세히 살펴보니 제가 낳은 아들이 아니었습니다."

그러나 다른 여자가 끼어들어 "아닙니다. 산 아이가 제 아들이요, 죽은 아이가 저 여자의 아들입니다"라고 주장했다.

두 여자는 언성을 높이며 싸우기 시작했고, 그 소리에 아이가 깨어 울기 시작했다. 솔로몬이 손짓을 하자 경비병이 두 여자를 떼어 놓았다.

솔로몬은 아이를 쳐다보았다. 하나님이 세우신 가족이라는 제도와 자식을 향한 본능적 모성애가 정말 놀라운 것이라는 생각이 잠시 그의 머리를 스쳤다. 그 아이가 생모의 사랑을 받아야 마땅하지만, 이 경우 두 여자 중 누구의 말이 사실인지 판단하는 것이 쉽지 않았다.

진실을 보는 눈

두 여자는 부끄러워하는 표정을 지었지만, 그들의 표정에는 진실성이 없었다. 깊은 생각에 잠긴 솔로몬은 '만일 이 두 여자 중 하나에게 그나마 진실성이 남아 있다면 그것은 바로 모성애라는 진실성일 것이다'라는 결론에 이르렀다. 누구에게 모성애라는 진실성이 남아 있는지를 확인하려면 모질게 살아온 이들에게 익숙한 모진 방법을 쓸 수밖에 없었다. 솔로몬처럼 지혜로운 사람에게 어울리는 부드러운 방법은 통할 리 없었다.

왕의 알현실에 다시 침묵이 흘렀다. 두 여자를 쳐다보는 솔로몬의 눈에는 동정의 기색이 조금도 없었다. 그는 시선을 돌려 다시 입을 열었다.

"한 사람은 살아 있는 아이가 내 아들이고 죽은 아이가 네 아들이라고 말한다. 그러나 또 한 사람은 죽은 아이가 네 아들이고 산 아이가 내 아들이라고 말한다."

여기까지 말하고 솔로몬은 잠시 입을 다물었다. 그러더니 경비병에게 명령했다.

"칼을 가져오너라!"

경비병은 왕 앞으로 나아가 칼을 뽑았다. 그러나 솔로몬은 칼을 받지 않고 이렇게 명령했다.

"저 살아 있는 아이를 둘로 나누어 반은 한 여자에게 또 나머지

반은 다른 여자에게 주어라."

경비병은 손에 칼을 든 채 여자들과 아이가 있는 쪽으로 향했다.

"오, 내 주여!"

처음 자기의 주장을 폈던 여자가 소리쳤다. 그리고 왕에게 청했다.

"청하건대 산 아이를 저 여자에게 주시고 부디 아이를 죽이지 마옵소서!"

그러나 또 다른 여자는 "내 것도 되지 말고 네 것도 되지 말고 나누게 하라"고 소리쳤다.

솔로몬이 경비병을 향해 손을 들자 경비병은 동작을 멈췄다. 솔로몬은 자식을 불쌍히 여기는 진정한 모성애가 그때까지 무감각해 보이던 생모의 표정을 뚫고 분명히 드러난 것을 보았다. 그는 방 안의 모든 사람이 들을 수 있도록 말했다.

"산 아이를 저 여자에게 주고 결코 죽이지 말라 저가 그의 어머니이니라!"

왕은 왕좌에 다시 앉았고, 방 안의 사람들은 웅성웅성하기 시작했다. 왕의 판결에 대한 소문이 온 이스라엘에 퍼졌고, 백성은 왕의 지혜에 감탄했다. 이 사건을 제대로 해결한 재판관이 이스라엘에 없었지만, 솔로몬이 지혜를 발휘하여 능히 해결한 것이다!

지혜는 생명나무와 같다

우리는 날마다 수많은 결정을 내리며 살아간다. 아침에 몇 시에 일어날 것인지, 돈을 어떻게 관리할 것인지, 상사의 질문에 뭐라고 대답할 것인지, 자식들이 학교를 졸업한 후에 무슨 일을 하게 할 것인지, 이런 문제들에 대해 끊임없이 결정을 내려야 한다.

모험을 할 것인가, 말 것인가? 다른 사람의 결정에 따를 것인가, 아니면 동의하지 않기 때문에 반대할 것인가? 우리가 중요하게 여기는 것을 양보하지 않고 밀어붙일 것인가, 아니면 불화가 생기지 않도록 피차 원만하게 처리할 것인가? 우리의 결정은 결정의 순간에, 또는 그 다음날, 또는 수십 년 후에 일파만파(一波萬波)로 우리 삶에 영향을 미칠 수 있다. 그렇다면 우리는 어떻게 솔로몬처럼 늘 옳은 결정을 내릴 수 있을까?

대답은 간단하다. 이 대답을 적용하는 것은 복잡할 수 있지만 말이다. 옳은 결정을 내릴 수 있는 비결은 바로 '지혜'이다.

솔로몬은 우리가 행하는 모든 일에서 적극적으로 지혜를 찾는 것이 매우 중요하다는 사실을 강조하는 데 잠언의 많은 부분을 할애했다. 지혜가 주는 유익은 어마어마하다.

지혜를 얻은 자와 명철을 얻은 자는 복이 있나니
이는 지혜를 얻는 것이 은을 얻는 것보다 낫고

그 이익이 정금보다 나음이니라

지혜는 진주보다 귀하니

네가 사모하는 모든 것으로도 이에 비교할 수 없도다

그의 오른손에는 장수가 있고

그의 왼손에는 부귀가 있나니

그 길은 즐거운 길이요

그의 지름길은 다 평강이니라

지혜는 그 얻은 자에게 생명나무라

지혜를 가진 자는 복되도다

잠 3:13-18

부(富)는 바람처럼 왔다가 안개처럼 사라질 수도 있지만, 지혜는 다르다. 지혜로운 사람은 평화로울 때에는 번창하고 역경을 당할 때에는 그것을 이겨낸다. 지혜의 오른손에는 건강과 장수(長壽)가 있고, 지혜의 왼손에는 부와 명예가 있다(대부분의 문화권에서 오른손은 왼손보다 더 중시되었다). 지혜가 가는 길에는 즐거움과 평안이 넘친다. 지혜, 즉 올바른 결정을 내리거나 주어진 정보를 제대로 적용할 수 있는 능력은 생명나무와 같기 때문에 늘 가꾸고 보살펴야 한다.

지혜에는 두 종류가 있다

고린도전서 3장 19절에서 바울은 "이 세상 지혜는 하나님께 어리석은 것이니"라고 가르친다. 세상은 무엇을 지혜라고 여기는가? 남들의 시선을 사로잡을 만큼 멋진 옷을 입는 것, 직장에서 승진하는 것, 가족이 모여 재미있게 즐기는 것, 최신 전자제품을 구입하는 것, 최신 모델의 자동차를 뽑아서 굴리는 것, 모든 편의시설이 다 갖추어진 부촌에서 사는 것, 은퇴에 대비하여 자금을 충분히 마련해두는 것, 갖고 싶은 것이 있으면 빚을 내서라도 사는 것, 자신이 원하는 것을 자기 능력으로 이루는 것, 이런 것들이 세상의 지혜라고 말할 수 있다. 세상의 지혜는 "너의 모든 시간을 너 자신과 너의 필요와 너의 소원에 투자하는 것이 옳은 일이다"라고 말한다. 세상의 지혜를 따르는 사람은 통제권을 자기가 쥐고 하나님을 배제한 채 문제를 해결하려고 시도한다.

그러나 우리는 세상의 지혜를 따라 살도록 창조된 존재가 아니다. 요한은 "세상에 있는 모든 것이 육신의 정욕과 안목의 정욕과 이생의 자랑이니 다 아버지께로부터 온 것이 아니요 세상으로부터 온 것이라"(요일 2:16)고 가르친다. 야고보의 교훈에 따르면, 세상의 지혜는 마귀로부터 온 것이다(약 3:15 참조).

세상의 지혜와 반대되는 것은 경건한 지혜이다. 이것은 하나님께서 세우신 원리를 깨닫고 그것에 따라 사는 것이다. 우리가 이런 삶을 살 때, 우리의 삶은 그분이 의도하신 대로 진행된다. 잠언에서 솔로몬은 경건한 지혜의 중요성과 효과에 대해 많이 가르친다. 그는 어리석은 자 혹은 악한 자의 삶의 방식과 지혜로운 자의 삶의 방식을 비교한다. 여기에서 전자는 하나님과 그분의 방법을 거부하거나 무시하는 사람이며, 후자는 그분의 말씀을 경청하고 그분의 뜻에 따라 사는 사람이다.

항상 순간적인 만족을 추구하고, 게으르며, 훈련이 되어 있지 않고, 판단력이 없으며, 확신을 갖지 못하고, 다른 사람들의 비판에서 배우지 못하고, 자신을 과대평가하여 스스로를 높이는 것, 이런 것들이 어리석은 자의 특징이다. 반면, 지혜로운 사람은 훈련이 되어 있고, 부지런하며, 순종하고, 말을 가려서 할 줄 알며, 겸손하고, 다른 사람들에게서 기꺼이 배운다.

솔로몬은 "대저 지혜는 진주보다 나으므로 원하는 모든 것을 이에 비교할 수 없음이니라"(잠 8:11)고 가르친다. 우리가 그의 가르침을 받아들여 지혜를 얻는다면 하나님께서 본래 우리에게 주기를 원하셨던 그런 삶을 살게 될 것이다.

지혜는 우리에게 "누구든지 내게 들으며 날마다 내 문 곁에서 기다리며 문설주 옆에서 기다리는 자는 복이 있나니 대저 나를 얻는 자는 생명을 얻고 여호와께 은총을 얻을 것임이니라"(잠 8:34,35)고 외친다.

경건한 지혜가 분별력을 준다

경건한 지혜를 얻을 때 우리의 삶은 향상되고, 지혜의 효과가 우리의 삶에서 나타나게 될 것이며, 우리는 하나님의 길을 더욱 열심히 따르게 될 것이다.

경건한 지혜는 우리에게 분별력을 준다. 분별력은 옳은 것과 그른 것, 참된 것과 거짓된 것, 중요한 것과 그렇지 않은 것, 하나님의 말씀에 따르는 것과 그것을 거부하는 것을 분명히 구별할 줄 아는 능력이다.

분별력은 표면적인 것을 뚫고 들어가 본질적인 것에 이를 수 있는 능력이요, 자연적이고 일시적인 것을 넘어서 영적이고 영원한 것을 볼 수 있는 능력이다. 솔로몬은 아기를 놓고 서로 자기 아기라고 싸우는 두 여자에 대한 재판을 진행할 때 탁월한 분별력을 보여주었다.

분별력은 다른 사람들이 보지 못하는 숲 속의 길을 찾아내는 능력이요, 어려운 상황을 쉽게 타개할 수 있는 방법을 찾아내는 능력이다. 분별력의 소유자는 상황을 정확하게 판단하기 때문에 예상되는 피해를 방지할 뿐만 아니라 유익을 극대화한다. 그는 적절한 때에 적절한 장소에서 적절한 행동을 할 줄 안다. 그는 신중하기 때문에 바람직하지 못한 상황을 피하지만, 어리석은 자는 아무 생각 없이 행동하다가 해(害)를 당한다.

이에 대해 솔로몬은 이렇게 말했다.

슬기로운 자는 재앙을 보면 숨어 피하여도
어리석은 자는 나가다가 해를 받느니라
잠 22:3

세례 요한이 태어나기 전, 하나님께서 천사 가브리엘을 제사장 사가랴에게 보내셨을 때, 천사는 경건한 지혜를 가리켜 "의인의 슬기(지혜)"라 불렀다(눅 1:17 참조). 누가 의인인가? 예수 그리스도를 온전히 신뢰하는 사람이 의인이다. 그러므로 예수 그리스도를 따르는 자로서 우리는 선택의 기로에 놓이게 된다. 즉, 우리 주변에서 흔히 볼 수 있는 세상의 지혜에 따라 살 것인가, 아니면 하나님의 지혜에 따라 살 것인가 하는 것이다.

그렇다면 어떻게 경건한 지혜를 얻을 수 있을까? 항상 지혜롭게 행동하기 위해 어떤 가치관을 가져야 하는가? 다르게 표현하면 우리의 우선순위 문제를 어떻게 정리해야 하는가? 구약의 잠언에 따르면 지혜를 얻을 수 있는 가장 확실한 비결은 여호와를 경외하고 교훈을 얻고 훈련을 받는 것이다. 유감스럽게도 이 비결에 대한 오해가 난무하지만 말이다.

여호와를 경외하라

솔로몬은 여호와를 경외하는 것이 지혜의 근본이라고 가르쳤다 (잠 9:10 참조). 아는 것이 많으면 지혜롭게 될 것이라고 믿는 사람들이 많다. 그러나 지식은 단지 사실에 대한 정보일 뿐이다. 지식은 지혜로운 자뿐만 아니라 어리석은 자도 가질 수 있는 것이다. 지식을 어떻게 사용하느냐에 따라 누구는 지혜로운 자가 되고 누구는 바보가 된다.

어리석은 자, 즉 하나님을 경시(輕視)하는 사람은 무엇이 옳고 윤리적인 것이냐에는 관심이 없고 단지 지식을 이용하여 자기의 유익을 추구할 뿐이다. 우주에서 최고의 선(善)은 바로 자신의 유익을 추구하는 것이라고 믿기 때문이다.

그러나 지혜로운 사람은 하나님을 기쁘게 해드리는 것이 최고의 선이라고 믿는다. 그렇기 때문에 하나님을 공경하고 그분의 길을 따르기 위해 지식을 사용한다. 여호와를 두려워하는 것, 즉 하나님을 공경하고 그분의 길을 따르는 것이 우리에게 지혜를 준다. 하나님이 존재하시고, 그분이 만물의 창조자이시며, 장차 우리가 우리의 행위에 대해 그분 앞에서 책임을 져야 한다는 것을 깨달을 때 비로소 그분을 경외할 수 있다.

'두려워하는 것'이 부정적 개념이라고 믿는 사람들이 많은 것이 사실이다. 하지만 우리가 살아 계신 하나님을 얼굴과 얼굴을 대하여 볼 때 경험할 수 있는 것을 표현할 수 있는 더 좋은 단어를 찾아내기 힘든 것도 사실이다.

하나님이 선하시며 사랑과 자비로 충만하신 것은 틀림없는 사실이다. 그렇기 때문에 우리는 그분을 믿고 의지한다. 하지만 그분의 전능하심에 대해 깊이 생각해본 사람이라면 누구나 어느 정도 두려움을 느끼지 않을 수 없다.

대략적인 비유를 든다면, 하나님 앞에 서는 것은 나이아가라 폭포의 발치나 그랜드캐니언의 가장자리에 서는 것에 비유될 수 있을 것 같다. 당신 앞에 펼쳐진 절경(絶景)이 장엄하고 경이롭지만, 당신 자신이 완전히 안전하다는 것을 잘 알지만, 당신은 두려움을 느낀다.

그렇다면, 여호와를 두려워하는 것이 왜 지혜의 시작인가? 그것은 인간을 흔들어 그의 자기기만과 자만을 깨부술 수 있는 유일한 방법이 여호와를 두려워하는 것이기 때문이다. 어떤 사람들은 하나님을 믿지만, 그분이 전능하시고 타협을 모르는 의로운 재판관이심을 건강하게 두려워하지 않는다. 그렇게 때문에 그분에게 순종할 필요성을 느끼지 못한다. 그러나 여호와를 경외하는 것은 그분을 우리 삶의 주인으로 모시는 것이요, 그분이 우주의 법을 정하고 우주를 통치하시며 모든 지식이 그분의 진리에 종속된다는 것을 인정하는 것이다.

여호와를 경외하는 사람에게는 정확한 판단을 위한 정확한 관점이 주어진다. 잠언 8장 13절은 "여호와를 경외하는 것은 악을 미워하는 것이라"고 가르친다. 악을 미워하는 사람은 자기 삶 속에 악이 틈타는 것을 용납하지 않기 때문에 최선을 다해 악을 피할 것이다. 무슨 일을 하든지 그는 하나님의 관점에서 모든 것을 판단하고 항상 영원한 것을 염두에 두고 행동한다. 그러므로 그는 타협의 유혹에 넘어가지 않는다.

하나님의 관점에서 보면 모든 것을 정확히 판단할 수 있다. 그러나 그분의 관점을 모르는 사람은 모든 것을 상대적으로 본다. 자기 기만, 자만, 그리고 이기적 욕망 때문에 판단력이 흐려져 선악을 제대로 구분하지 못한다.

하나님을 경외하는 사람에게는 또한 명철이 생긴다. 명철은 사실이 어떻게 진리와 부합되는지를 아는 능력이다. 솔로몬은 "여호와를 경외하는 것이 지혜의 근본이요 거룩하신 자를 아는 것이 명철이니라"(잠 9:10)고 말했다. 명철이 있는 사람은 지식을 올바로 적용할 줄 안다. 하나님과 그분의 길을 더 많이 알수록 자신의 상황을 더 정확히 파악하고, 어떤 상황에서나 무엇이 옳은지를 더 분명히 깨달을 수 있다.

교육과 훈련이 필요하다

올바로 행하려면 어떻게 하는 것이 옳은 길이며 최선의 길인지를 알아야 할 것이다. 하지만 단지 아는 것만으로는 부족하다. 오히려 확고한 목적의식과 강한 의지력이 올바로 행하는 데 더 큰 영향을 미치는 경우가 종종 있다. 교육과 훈련을 통해 형성되는 적절한 능력과 습관이 뒷받침되지 않으면 단순한 지식으로는 충분하지 않다.

예를 들어보자. 당신이 골프를 치는데, 티 샷(tee shot) 기술을 향상시키려고 애쓴다. 완벽한 티 샷을 머릿속으로 상상하는 것은 어렵지 않다. 그러나 제대로 치려면 '근육의 기억'(muscle memory)과 훈련이 필요하다. 무엇보다도 올바른 스윙(swing)을 배워야 한다. 타격의 기술을 발전시키려면 책, 영상, 또는 개인 코치의 도움을 받아야 할 것이다.

그런 다음에는 끊임없이 타격연습을 반복해야 할 것이다. 그러다 보면 근육이 기술을 기억할 정도로 숙달되어 전혀 의식하지 않고도 제대로 공을 때릴 수 있을 것이다. 더 나아가, 체력과 유연성을 기르기 위한 체조와 스트레칭이 필요할 수도 있다.

솔로몬은 지혜로운 삶을 살려면 교육과 훈련을 달게 받겠다는 열린 마음을 가져야 한다는 것을 잘 알았다. 그 자신이 그의 아버지 다윗에게 교육과 훈련을 달게 받은 경험이 있었다. 그렇기 때문에 그는 "말씀을 멸시하는 자는 자기에게 패망을 이루고 계명을 두려워하는 자는 상을 받느니라"(잠 13:13)는 잠언을 남겼다.

지혜로운 삶이 무엇인지 배웠다 할지라도 실제로 그렇게 살려면 나름의 연습이 필요하다. 스포츠에서처럼, 무엇이든지 자기가 원하는 대로 할 수 있으려면 반드시 훈련의 과정을 거쳐야 한다. 압박감이 없는 상태에서 훈련과 연습을 반복하면, 압박감을 많이 느끼는 실제 게임에서 승리할 가능성이 높아진다. 예수님이 말씀하셨듯이, "지극히 작은 것에 충성된 자는 큰 것에도 충성되고 지극히 작은 것에 불의한 자는 큰 것에도 불의"(눅 16:10)하기 마련이다.

당신은 탁월한 운동선수가 아닐지도 모른다. 하지만 앞에서 얘기한 운동의 원리는 우리 삶의 다른 분야에도 적용된다. 만일 경제적 형편이 좋을 때 돈을 막 써버린다면 경제적 어려움이 닥쳤을 때는 어떻게 할 것인가?

일상적인 일을 성실하게 처리하지 않는 사람은 특별한 과제가 주어졌을 때에도 그것을 제대로 처리하지 못해서 승진의 기회를 놓칠 것이다. 이런 사람은 고객을 붙잡아야 할 때 붙잡지 못할 것이기에 사업에서도 발전이 없을 것이다. 숙제를 게을리 하는 학생은 시험 보는 날 낭패를 당할 것이다. 어떤 사람들은 지식에 의지하여 얼마 동안은 그럭저럭 버티지만, 근면과 훈련이 없기 때문에 결국에는 성공하지 못한다. 그렇기 때문에 사도 바울은 "경건에 이르도록 네 자신을 연단하라"(딤전 4:7)고 가르친다.

하나님의 큰 상을 바라보라

우리가 최고의 것이라고 믿는 것을 행하려면 때때로 우리에게 동기부여가 필요하다. 유혹을 참고 이겨냈을 때 어떤 유익을 얻게 될 것인지를 분명히 깨닫는 것은 훌륭한 동기부여가 된다. 예를 들어보자. 저녁식사를 마치고 배가 부른 상태에서는 "나는 저녁식사 후에 후식을 먹지 않겠습니다"라고 맹세하는 것이 쉽다. 하지만 그 다음날 저녁, 누군가 먹음직스런 치즈케이크를 가지고 나타나면 어떻게 할 것인가? 이럴 경우, 우리에게는 더욱 강력한 동기부여가 필요하게 된다.

우리가 시험을 통과하고 유혹에 굴복하지 않는다 할지라도 디모데전서 4장 8절은 "육체의 연단은 약간의 유익이 있으나"라고 말한다. 그러나 경건을 위해 연습한다면 "금생과 내생에" 큰 유익을 얻을 것이라고 약속한다.

하나님을 기쁘시게 해드리기 위해 우리의 육신적 욕구들보다 우리의 영적 성장과 유익을 앞세운다면 우리에게 큰 만족과 보답이 주어질 것이다. 그분이 그분과 그분의 길을 부지런히 찾는 사람들에게 큰 상을 주실 것이라는 약속은 성경 곳곳에서 발견된다.

하나님의 말씀을 읽고 기도하면서 그분과 교제할 시간을 내는 훈련에 집중할 때 경건한 지혜를 얻을 수 있다. 영원한 성공을 보장하는 지혜를 얻기를 원하는 사람이라면 반드시 경건을 훈련해야 한다.

훈계를 좋아하는 자는 지식을 좋아하거니와

징계를 싫어하는 자는 짐승과 같으니라

잠 12:1

기도와 말씀이 지혜의 타락을 막아준다

솔로몬이 드린 기도의 핵심은 지혜를 구하는 것이었다. 하나님께서는 그의 기도에 응답하기를 기뻐하셨고, 그 후 여러 해 동안 솔로몬은 하나님을 공경하며 그분의 교훈을 따르고 스스로를 훈련하고 분별력을 발휘하면서 통치하였다.

그러나 후에는 하나님 없이 사는 편을 택했다가 다시 시간이 흐른 후에는 하나님 없이 사는 삶이 어떤 것인지에 대해 전도서에서 고백하였다. 그에 따르면, 하나님 없이 사는 삶은 아무리 많은 쾌락을 가져다준다 할지라도 결국 무익하고 무의미하다는 것이다. 그가 하나님을 경외하지 않았을 때, 그의 지혜는 자기혐오에 빠져서 살아가는 쓰라린 실존(實存)을 깨닫는 인식의 도구로 전락하고 말았다.

솔로몬의 말년의 실패가 우리의 삶에서 나타나지 않도록 막을 수 있는 최선의 방법은 기도와 하나님의 말씀이다. 우리가 아버지와 시간을 보내면 그분이 우리에게 그분의 관점을 허락하신다. 그럴 때 우리는 해야 할 일을 분명히 깨닫게 된다. 왜냐하면 그분이 우리에게 지혜라는 놀라운 선물을 주시기 때문이다.

🌀 경건한 지혜를 위한 기도

아버지여!

예수님의 이름으로 아버지 앞에 나아와

아버지의 지혜의 영광을 찬양합니다.

주여!

제가 기도를 통해 주님과 교제할 때,

주님의 말씀을 읽고 묵상할 때,

그리고 다른 신자들과 함께 주님의 말씀을 공부할 때

저에게 주님의 지혜를 드러내소서.

제 눈을 열어 주님의 말씀의 능력을 보게 하시고,

날마다의 제 결정에 지혜의 빛을 비추어주소서.

언제나 제 마음이 주님의 음성을 정확히 듣게 하시고,

제 모든 행동 속에서

주님의 사랑과 명철과 의로운 판단이 드러나게 하소서.

주님을 기쁘게 해드리기 위해 저를 훈련하는 것이

어떤 대가를 치러도 좋을 만큼

가치 있는 일이라는 것을 깨닫게 하소서.

영원을 보는 눈을 통해 현재의 일들을 판단하게 하소서.

그리하시면,

제가 주님을 얼굴과 얼굴을 대하여 마주볼 때

얻게 될 상급이 이 땅에서 치른 희생보다

훨씬 더 크다는 것을 깨닫게 될 것입니다.

지혜를 얻어라

지혜에는 뿌리가 있는데, 그 뿌리는 오직 하나님이시다! 그분께 가까이 나아가 그분을 삶의 주님으로 인정하고 그분의 인도하심을 구하면 주께서 우리에게 그분의 관점을 허락하실 것이다. 그분의 관점에서 보는 사람은 상황을 정확히 파악하여 어떻게 하는 것이 옳은 선택이며 최선의 선택인지를 알게 된다. 이것이 진정한 지혜이다. 그분은 당신에게 이런 지혜를 주기 원하신다.

대저 여호와는 지혜를 주시며 지식과 명철을 그 입에서 내심이며
그는 정직한 자를 위하여 완전한 지혜를 예비하시며
행실이 온전한 자에게 방패가 되시나니 대저 그는 정의의 길을 보호하시며
그의 성도들의 길을 보전하려 하심이니라
그런즉 네가 공의와 정의와 정직 곧 모든 선한 길을 깨달을 것이라
곧 지혜가 네 마음에 들어가며 지식이 네 영혼을 즐겁게 할 것이요
근신이 너를 지키며 명철이 너를 보호하여

잠언 2장 6-11절

지혜

- 축적된 철학적 또는 과학적 지식
- 내면적 특질과 관계를 분별할 수 있는 능력(통찰력), 건전한 사리분별 능력(판단력)

지혜는 진주보다 귀하니 네가 사모하는 모든 것으로도 이에 비교할 수 없도다 그의 오른손에는 장수가 있고 그의 왼손에는 부귀가 있나니 (잠 3:15,16)

분별하다

- 사물들의 차이점을 발견하여 인식하는 것, 분간하는 것
  (예, 선과 악을 분별하다)
- 정신적인 것을 파악하여 깨닫는 것(예, 그의 동기를 분별하다)

삼가 말씀에 주의하는 자는 좋은 것을 얻나니 여호와를 의지하는 자는 복이 있느니라 마음이 지혜로운 자는 명철하다 일컬음을 받고 입이 선한 자는 남의 학식을 더하게 하느니라 (잠 16:20,21)

솔로몬이 이것을 구하매
그 말씀이 주의 마음에 든지라

열왕기상 3장 10절

THE
PRAYER
of
SOLOMON

chapter 8

끝까지 하나님 앞에 서라

예루살렘에 여호와의 영원한 처소를 짓겠다던 솔로몬의
아버지, 다윗의 꿈은 더 이상 꿈이 아니었다. 과거에 솔로몬은 기브
온 성막에서 드린 일천번제의 마지막 번제에서 연기가 피어오르는
것을 지켜보았었다. 그랬던 솔로몬이 이제 오늘, 셀 수 없을 정도로
많은 희생을 드린 후에, 성전(聖殿)의 여호와의 제단에서 피어오르
는 연기를 지켜보았다. 이제는 성전이다! 성전의 가장 세부적인 것
들까지도 모두 다 완성되었다!

　이스라엘의 장로들과 함께 솔로몬은 제사장들이 언약궤와 성막
에서 가져온 거룩한 기구들을 가지고 성전 안으로 들어가는 것을
지켜보았다. 제사장들이 언약궤를 지성소 그룹들 날개 아래에 놓을

때 모든 사람들은 엄숙하게 서 있었다.

제사장들이 다른 사람들과 합류하기 위해 성소에서 나올 때, 굽이치는 짙은 구름이 성전을 하나님의 영광으로 채우기 시작했다. 제사장들이 능히 서서 섬기지 못했는데, 솔로몬이 지은 성전이 하나님의 영광으로 가득했기 때문이다.

솔로몬은 "여호와께서 캄캄한 데 계시겠다 말씀하셨사오나 내가 참으로 주를 위하여 계실 성전을 건축하였사오니 주께서 영원히 계실 처소로소이다"(왕상 8:12,13)라고 말했다. 솔로몬은 그 자리에 서 있는 이스라엘 온 회중을 위해 축복했고, 그 다음에는 여호와의 단 앞에서 무릎 꿇고 하늘을 향하여 손을 펴고 기도했다.

기도를 마친 다음 일어나 이스라엘의 온 회중을 다시 큰 소리로 축복했다.

여호와를 찬송할지로다 그가 말씀하신 대로 그의 백성 이스라엘에게 태평을 주셨으니 그 종 모세를 통하여 무릇 말씀하신 그 모든 좋은 약속이 하나도 이루어지지 아니함이 없도다 우리 하나님 여호와께서 우리 조상들과 함께 계시던 것같이 우리와 함께 계시옵고 우리를 떠나지 마시오며 버리지 마시옵고 우리의 마음을 주께로 향하여 그의 모든 길로 행하게 하시오며 우리 조상들에게 명령하신 계명과 법도와 율례를 지키게 하시기를 원하오며 여호와 앞에서 내가 간구한 이 말씀이 주야로 우리 하나님 여호와께 가까이 있게 하시옵고 또 주의 종의 일과 주의 백성 이스라엘의 일을 날마다 필요한 대로 돌아보사 이에 세상 만민에게 여호와께서만 하나님이시고 그 외에는 없는 줄을 알게 하시기를 원하노라 그런즉 너희의 마음을 우리 하나님 여호와께 온전히 바쳐 완전하게 하여 오늘과 같이 그의 법도를 행하며 그의 계명을 지킬지어다 왕상 8:56-61

더욱 많은 희생제물을 드리면서 성전 봉헌식이 계속 되었고, 그 후 14일 동안 잔치가 뒤따랐다. 백성은 왕을 위하여 축복하였고, 기쁜 마음으로 고향으로 돌아가며 여호와께서 이스라엘을 위하여 이루신 모든 선한 일들로 인해 즐거워했다.

여호와께 성전을 봉헌한 것은 솔로몬 최고의 업적이었다. 이런 업적의 발단은 기브온에서 하나님을 기쁘게 해드리는 기도를 드린 사건이었다.

솔로몬이 이스라엘 백성을 공정하게 다스릴 수 있는 지혜를 달라고 겸손히 기도했기 때문에 하나님께서 하늘의 문을 활짝 여시고 모든 좋을 것들을 덤으로 주셨다. 평안, 번영, 장수, 명예 같은 것들 말이다. 우리가 순종하는 마음으로 하나님을 찾는다면, 그분은 우리에게도 하늘의 문을 활짝 열어 모든 좋을 것들을 내려주실 것이다.

솔로몬의 전성기

왕위에 오르고 10년 정도, 솔로몬은 하나님께 충성했고 아버지의 신앙을 본받는 삶을 살았다. 즉, 이 기간 동안 하나님이 주신 지혜를 잘 사용하여 그분의 뜻을 실천하는 삶을 살았다. 그분을 다른 모든 것보다 앞세워 공경했을 때, 모든 선한 것들이 주어졌다.

솔로몬이 자기와 가족을 위한 새 궁궐을 짓고 난 후 하나님께서는 그를 기뻐하신다고 다시 확인해주셨다. 하나님이 전에 기브온에서 나타나셨던 것처럼 솔로몬에게 다시 나타나신 것이 그것이었다. 솔로몬은 그의 아버지 다윗이 소원했던 모든 것을 이루었다. 그러나 솔로몬이 후대에 물려준 유산은 무엇이었는가? 그가 그의 사명과 과업에 더욱 충실하기 위해 무엇을 해야 했는가? 이제 뒷짐 지고서서 즐겨야 할 시간이 되었는가, 아니면 새로운 계획을 세우고 하나님께 더 큰 것들을 구할 시간이 되었는가?

하나님이 솔로몬에게 다시 나타나셨을 때, 그분은 그때까지 그가 이룬 것을 승인하신 것으로 끝내지 않으셨다. 그분은 그에게 앞으로 닥칠지 모를 위험에 대해서도 경고하셨다. 그것은 그가 자만(自滿)에 빠질지도 모른다는 위험이었다.

만일 너희나 너희의 자손이 아주 돌아서서 나를 따르지 아니하며 내가 너희 앞에 둔 나의 계명과 법도를 지키지 아니하고 가서 다른 신

을 섬겨 그것을 경배하면 내가 이스라엘을 내가 그들에게 준 땅에서
끊어 버릴 것이요 내 이름을 위하여 내가 거룩하게 구별한 이 성전이
라도 내 앞에서 던져버리리니 이스라엘은 모든 민족 가운데에서 속담
거리와 이야기거리가 될 것이며 이 성전이 높을지라도 지나가는 자마
다 놀라며 비웃어 이르되 여호와께서 무슨 까닭으로 이 땅과 이 성전
에 이같이 행하셨는고 하면 대답하기를 그들이 그들의 조상들을 애굽
땅에서 인도하여 내신 그들의 하나님 여호와를 버리고 다른 신을 따
라가서 그를 경배하여 섬기므로 여호와께서 이 모든 재앙을 그들에게
내리심이라 하리라 하셨더라 **왕상 9:6-9**

불행하게도 솔로몬은 하나님의 경고에 귀를 기울이지 않았다. 말
년에 그는 하나님께 충성하고 헌신하는 삶을 살지 않고 오히려 그
분에게서 멀어지는 삶을 살았다. 자기 아버지의 꿈을 이룬 후 몇 십
년 동안 그는 전성기와 성공이라는 유산(遺産)뿐만 아니라 깊은 절
망과 궁극적 실패라는 유산도 남겼다.

솔로몬의 어리석음

솔로몬은 그를 위한 하나님의 계획과 목적을 계속 이룰 수 있는
길에서 벗어났다. 우리가 잠언에서 그의 최고의 지혜를 엿볼 수 있

는 것은 사실이지만, 전도서에서 그의 깊은 절망을 느낄 수 있는 것도 사실이다. 전도서는 영광 가운데 시작했다가 결국 공허, 무익, 환멸, 그리고 허무로 끝나고 만 삶이 어떤 것인지를 분명히 보여준다. 솔로몬은 그 자신이 하나님에게서 멀어졌기 때문에 이런 삶을 경험했다.

솔로몬은 역사상 가장 지혜로운 사람이었지만 죄의 덫을 피하지는 못했다. 하나님께서는 그의 아버지 다윗에게 복을 약속하시면서 복 받기 위한 조건을 제시하셨지만, 솔로몬은 그 조건을 충족시키지 못했다. 다시 말해서 솔로몬은 마음과 뜻을 다하여 그의 끝 날까지 여호와 앞에서 성실과 정직 가운데 행하는 일에 성공하지 못했다.

하지만 그래도 하나님께서는 그의 아버지 다윗을 기억하셔서 그가 살아 있는 동안에는 왕국이 분열되는 것을 허락하지 않으셨다. 그러나 그의 사후(死後)에 왕위를 물려받은 그의 아들 르호보암은 솔로몬의 젊을 때의 지혜와 겸손을 물려받지 못했다. 어쩌면 다윗에게는 솔로몬을 신앙으로 양육하겠다는 의지가 있었지만, 솔로몬에게는 르호보암을 신앙으로 키우겠다는 의지가 없었을지도 모른다. 긍휼을 모르는 무자비한 르호보암은 이스라엘 백성을 매우 분노하게 만들었기 때문에 그의 왕국은 무혈(無血) 쿠데타를 통해 둘로 갈라졌다. 이스라엘의 다른 모든 지파들이 유다 지파에게 등을 돌리고 북 왕국 이스라엘을 세운 것이다.

알 만한 것을 다 아는 솔로몬이 그토록 멋지게 시작했다가 나중에 실패한 이유는 무엇인가?

큰 업적이 큰 저항 세력 때문에 무너지는 경우는 드물다. 오히려 날마다 반복되는 이기적인 작은 일들이 큰 업적을 조금씩 조금씩 갉아먹어 무너뜨린다. 성경의 기록에 따르면, 20년 넘게 복되고 의로운 통치를 했던 솔로몬은 안락과 쾌락을 추구하느라 변심하기 시작했다.

솔로몬 왕이 바로의 딸 외에 이방의 많은 여인을 사랑하였으니 곧 모압과 암몬과 에돔과 시돈과 헷 여인이라 여호와께서 일찍이 이 여러 백성에 대하여 이스라엘 자손에게 말씀하시기를 너희는 그들과 서로 통혼하지 말며 그들도 너희와 서로 통혼하게 하지 말라 그들이 반드시 너희의 마음을 돌려 그들의 신들을 따르게 하리라 하셨으나 솔로몬이 그들을 사랑하였더라 왕은 후궁이 칠백 명이요 첩이 삼백 명이라 그의 여인들이 왕의 마음을 돌아서게 하였더라 솔로몬의 나이가 많을 때에 그의 여인들이 그의 마음을 돌려 다른 신들을 따르게 하였으므로 왕의 마음이 그의 아버지 다윗의 마음과 같지 아니하여 그의 하나님 여호와 앞에 온전하지 못하였으니 **왕상 11:1-4**

솔로몬 자신이 쓴 전도서에도 이런 구절이 나온다.

나는 내 마음에 이르기를 자, 내가 시험삼아 너를 즐겁게 하리니 너는
낙을 누리라 하였으나 보라 이것도 헛되도다 ⋯ 내가 내 마음으로 깊
이 생각하기를 내가 어떻게 하여야 내 마음을 지혜로 다스리면서 술
로 내 육신을 즐겁게 할까 또 내가 어떻게 하여야 천하의 인생들이 그
들의 인생을 살아가는 동안 어떤 것이 선한 일인지를 알아볼 때까지
내 어리석음을 꼭 붙잡아 둘까 하여 나의 사업을 크게 하였노라 내가
나를 위하여 집들을 짓고 포도원을 일구며 여러 동산과 과원을 만들
고 그 가운데에 각종 과목을 심었으며 나를 위하여 수목을 기르는 삼
림에 물을 주기 위하여 못들을 팠으며 남녀 노비들을 사기도 하였고
나를 위하여 집에서 종들을 낳기도 하였으며 나보다 먼저 예루살렘에
있던 모든 자들보다도 내가 소와 양 떼의 소유를 더 많이 가졌으며
은 금과 왕들이 소유한 보배와 여러 지방의 보배를 나를 위하여 쌓고
또 노래하는 남녀들과 인생들이 기뻐하는 처첩들을 많이 두었노라 내
가 이같이 창성하여 나보다 먼저 예루살렘에 있던 모든 자들보다 더
창성하니 내 지혜도 내게 여전하도다 무엇이든지 내 눈이 원하는 것
을 내가 금하지 아니하며 무엇이든지 내 마음이 즐거워하는 것을 내
가 막지 아니하였으니 이는 나의 모든 수고를 내 마음이 기뻐하였음
이라 이것이 나의 모든 수고로 말미암아 얻은 몫이로다 그 후에 내가

생각해 본즉 내 손으로 한 모든 일과 내가 수고한 모든 것이 다 헛되어 바람을 잡는 것이며 해 아래에서 무익한 것이로다 전 2:1,3-11

솔로몬의 추구 대상이 하나님의 일들에서 세상의 일들로 바뀌면서 그는 타락했다. 다른 사람들의 번영과 행복을 추구하던 마음이 변하여 자신의 행복과 쾌락을 추구하게 되었고, 이방의 아내들과 첩들 때문에 마음이 흐려진 그는 하나님보다는 그들을 기쁘게 해주려 애썼다.

그는 예루살렘 가까운 곳에 산당을 지었다. 그의 아내들은 그곳에서 그들의 이방 신들에게 분향하며 희생을 드렸고, 솔로몬 자신도 그들의 신을 경배했다. 솔로몬의 이런 행위 때문에 이스라엘에서 거짓 신들을 경배할 수 있는 문이 열렸고, 백성들은 이스라엘 민족을 위대한 민족으로 만들어주었던 모든 것에서 등을 돌렸다.

우리의 인생은 우리가 이룬 업적 때문에 위대해지는 것이 아니라 우리가 추구하는 것의 가치 때문에 위대해진다. 솔로몬이 전심으로 하나님을 찾았을 때에는 하나님이 이스라엘에 복을 주셨다. 그러나 그가 자신의 안락과 만족을 추구하며 하나님께 등을 돌리자 이스라엘의 기초는 무너졌다.

솔로몬의 결정적인 실패가 우리 자신의 실패가 될 수도 있을까? 벽돌과 회반죽으로 높은 건물을 쌓아 올리거나, 입이 마르도록 칭찬하고 장려금을 두둑이 준다고 해서 영원한 가치가 창출되는 것은 아니다. 우리의 삶이 다른 사람들의 마음에 어떤 영향을 끼치느냐에 따라 영원한 가치가 창출될 수도 있고 그렇지 못할 수도 있다.

당신은 다른 사람들이 그들 자신을 향해 하나님이 예비하신 계획과 목적을 전심으로 추구하도록 감동을 주는가, 아니면 그들이 원칙을 희생하면서 안락을 추구할 수 있도록 핑계거리를 제공하는가? 후자의 경우라면, 하나님께서 청지기로서의 삶을 감당하도록 그들에게 허락하신 시간과 재능과 재물을 낭비하게 만드는 것이다.

솔로몬 최후의 교훈

솔로몬의 마음이 하나님을 떠났다. 그렇기 때문에 그가 우리에게 남긴 마지막 말들은 진정으로 성공한 인생과 그에 따른 하늘의 보상을 상기시키는 말들이 아니라 쓰라림과 공허로 가득한 말들이다. 그가 세상의 쾌락을 좇느라 하나님을 떠났기 때문에 그의 삶이 절망에 빠졌고, 그의 나라가 절망에 빠졌으며, 궁극적으로는 하나님의 백성이 이방으로 끌려가게 되었다.

솔로몬은 하나님의 음성을 듣지 못한 것이 아니라 그분의 음성에 순종하지 않은 것이다. 이것이 그가 우리에게 준 마지막 교훈이다. 하나님께서 기브온에서 그에게 나타나 무엇이든지 주겠다고 말씀하셨을 때 그는 최선의 선택을 했다. 다시 말해서, 부나 장수 또는 원수의 죽음을 구하지 않고 지혜를 구했다. 그러나 통치 초기에 그는 두 가지 어리석은 선택을 했는데, 이 때 그가 말년에 하나님을 떠나도록 씨앗이 뿌려졌다.

그의 첫 번째 어리석은 선택은 이스라엘의 제사 관행과 관계가 있었다. 하나님을 찾고 그분께 일천번제를 드리기를 원했을 때 그는 성막, 즉 회막으로 갔다. 회막은 이스라엘 민족이 광야에서 방황할 때 하나님께서 모세에게 건축을 명하여 만들어진 것이었다. 솔로몬이 통치를 시작할 때 이 성막은 기브온의 큰 산당에 있었다(왕상 3:4 참조). 산당이란 이방 신들에게 제사를 지내는 곳이었다. 이스라엘 민족은 거짓 신들에게 제사 지내는 관행을 자기 나라에서 완전히 근절하지 못했고, 그들 자신이 거짓 신들에게 제사 지내는 악습에 주기적으로 빠지곤 했다. 하나님께서는 오직 그분에게만 제사 지내라고 분명히 명령하셨지만, 솔로몬은 왕이 되었을 때 산당들을 없애지 않았다(왕상 3:3,4 참조).

솔로몬의 통치 초기에 저지른 두 번째 어리석은 선택은 바로의 딸과 결혼한 것이었다. 이것은 애굽과 맺은 동맹에 인(印)을 치는 정략결혼이었다. 우리가 이미 살펴보았듯이, 하나님께서는 이스라엘 민족에게 이방 사람들과 결혼하지 말라고 분명히 명령하셨다. 이방인과 결혼하면 이스라엘 백성의 마음이 그분에게서 떠날 것임을 잘 아셨기 때문이다.

하나님은 솔로몬이 산당에서 제사하며 분향하는 것을 내버려두셨다. 이런 그의 불순종에도 불구하고 그분은 기브온에서 그에게 나타나셔서 그의 소원을 들어주겠다고 말씀하셨다. 만일 그가 자기 마음과 동기를 철저히 살폈다면 초기의 잘못된 두 가지 선택이 달라졌을 것이다. 그러나 그는 그렇게 하지 않았다.

하나님을 사랑하고 그분의 뜻을 행하려는 열정이 있었지만, 그럼에도 불구하고 그의 마음속에는 하나님께 온전히 열지 않은 비밀의 장소가 있었던 것 같다. 그가 살피지 않은 이 비밀의 장소에서 나온 그의 두 가지 잘못된 선택은 그의 통치 중에도 계속적이고 점진적으로 그 뿌리를 확장했다. 그리하여 결국 그는, 수백 명의 이방 아내들과 첩들을 두었고 그들의 거짓 신들을 섬기게 되었다.

이스라엘 민족이 약속의 땅으로 들어가기 전, 하나님께서 율법을 주실 때 다음과 같이 말씀하셨다는 것은 참으로 놀라운 사실이다.

네가 네 하나님 여호와께서 네게 주시는 땅에 이르러 그 땅을 차지하고 거주할 때에 만일 우리도 우리 주위의 모든 민족들같이 우리 위에 왕을 세워야겠다는 생각이 나거든 반드시 네 하나님 여호와께서 택하신 자를 네 위에 왕으로 세울 것이며 네 위에 왕을 세우려면 네 형제 중에서 한 사람을 할 것이요 네 형제 아닌 타국인을 네 위에 세우지 말 것이며 그는 병마를 많이 두지 말 것이요 병마를 많이 얻으려고 그 백성을 애굽으로 돌아가게 하지 말 것이니 이는 여호와께서 너희에게 이르시기를 너희가 이 후에는 그 길로 다시 돌아가지 말 것이라 하셨음이며 그에게 아내를 많이 두어 그의 마음이 미혹되게 하지 말 것이며 자기를 위하여 은금을 많이 쌓지 말 것이니라 신 17:14-17

솔로몬이 국방을 위해 애굽에 의지한 것은 아니지만(그의 뒤를 이은 일부 왕들은 국방을 위해 애굽에 의지했다), 그는 분명히 애굽과 동맹을 맺었고 애굽에서 말을 사들였다(왕상 10:28 참조). 또한 그는 방금 인용한 신명기 말씀에 나오는 '아내를 많이 두지 말라'는 하나님의 명령을 무시하였다.

그러므로 솔로몬이 우리에게 주는 마지막 교훈은 우리의 선택이 삶에 지대한 영향을 미칠 수 있다는 것이다. 우리의 선택이 아무리 사소한 것처럼 생각된다 할지라도 그것이 하나님의 명령에 순종하는 것과 관련이 있을 때에는 결코 사소한 것이 아니다. 순종을 택하든 불순종을 택하든 우리의 모든 선택은 우리의 삶과 다른 사람들의 삶에 큰 영향을 미치게 된다. 그렇기 때문에 예수님은 제자들에게 "지극히 작은 것에 충성된 자는 큰 것에도 충성되고 지극히 작은 것에 불의한 자는 큰 것에도 불의하니라"(눅 16:10)고 가르치신 것이다.

우리가 하나님의 말씀을 대부분 지킨다면 때때로 몇 개 정도 지키지 않는 것은 문제 될 것이 없다고 생각하는가? 이렇게 생각하는 사람은 자신을 속이는 것이다. 우리는 잘못된 행위를 우리의 가치 기준에 따라 분류하는 경향이 있다. 그러나 우리가 작은 잘못이라고 생각하는 것들이 우리의 삶에 너무나 큰 악영향을 미칠 수 있다.

하나님은 큰 그림을 보시며, 우리가 우리 자신을 아는 것보다 우리를 더 잘 아신다. 그렇기에 그분이 우리에게 어떤 일을 행하라고 말씀하시거나 아니면 어떤 일을 피하라고 말씀하신다면 거기에는 그럴 만한 충분한 이유가 있는 것이다. 아무리 사소한 일로 보일지라도 우리는 그분의 명령에 순종해야 한다. 다른 그리스도인들이 그분의 말씀과 정반대로 행한다 할지라도 우리는 그분의 말씀에 따라야 한다.

큰일에서뿐만 아니라 작은 일에서도 순종은 지극히 중요하다. 솔로몬의 인생은 순종해도 좋고 불순종해도 좋다는 사고방식이 얼마나 중대한 결과를 가져오는지를 분명히 보여준다. 그의 잘못을 보고 진지하게 반성하지 않는다면 우리도 솔로몬처럼 후회 속에 인생을 끝마치게 될 것이다.

솔로몬의 말년이 지극히 실망스러운 것은 사실이지만, 그렇다고 해서 그의 초기 삶이 보여준 귀중한 교훈까지 거부해서는 안 된다. 우리는 그가 기브온에서 기도할 때 보여준 감사, 겸손, 하나님을 향한 열정, 사명의 수용(受容), 그리고 지혜의 추구 같은 것들을 본받아야 한다. 성경에 그의 지혜에 대한 이야기가 기록되었다는 것은 그의 지혜 자체가 잘못된 것이 아니라는 사실을 말해준다. 잘못된 것은 그가 무엇이 옳은지를 알면서도 공의와 진실을 망각하고 이기적인 목적과 쾌락을 추구하느라 더 큰 사명을 저버린 것이다.

어떻게 해야 계속 신실할 수 있을까?

솔로몬은 그렇다 치고, 우리는 어떤가? 구원을 선물로 받고서도 삶 속에서 하나님께 통제권을 드리는 사람들이 너무 적다. 우리는 우리를 구원하신 하나님의 궁극적인 목적이 이루어지도록 계속 순종해야 한다. 이 문제에 대해 바울이 말하는 바를 살펴보자.

그러므로 나의 사랑하는 자들아 너희가 나 있을 때뿐 아니라 더욱 지금 나 없을 때에도 항상 복종하여 두렵고 떨림으로 너희 구원을 이루라 너희 안에서 행하시는 이는 하나님이시니 자기의 기쁘신 뜻을 위하여 너희에게 소원을 두고 행하게 하시나니 모든 일을 원망과 시비가 없이 하라 빌 2:12-14

내가 이미 얻었다 함도 아니요 온전히 이루었다 함도 아니라 오직 내가 그리스도 예수께 잡힌 바 된 그것을 잡으려고 달려가노라 형제들아 나는 아직 내가 잡은 줄로 여기지 아니하고 오직 한 일 즉 뒤에 있는 것은 잊어버리고 앞에 있는 것을 잡으려고 푯대를 향하여 그리스도 예수 안에서 하나님이 위에서 부르신 부름의 상을 위하여 달려가노라 빌 3:12-14

우리는 하나님께 평생 신실해야 하며, 그러기 위해서는 우리 편에서 나름의 행동이 있어야 한다는 것이 바울의 분명한 가르침이다. 하나님께서는 우리를 하나님나라에 들어가게 하시기 위해 그분의 일을 다하실 것이라고 약속하셨고, 또 실제로 그렇게 하실 것이다 (딤후 4:18 참조). 그렇다면 우리가 이 땅에서 우리의 삶을 끝낼 때, 평생 그분께 신실했다는 평가를 받으려면 어떻게 해야 하는가?

제일 먼저 할 일은 하나님의 말씀을 아는 것이다. 성경공부를 하는 중에 성경의 이곳저곳의 구절들을 읽는 것으로 성경 읽기를 다했다고 착각하지 말라. 경건서적을 읽는 것으로 그분의 말씀을 다 알 수 있다고 오해하지 말라. 이런 식으로 성경구절이나 경건서적을 읽는 것이 잘못된 것은 아니지만, 평생 하나님께 신실한 삶을 사는 데는 부족하다. 하나님께서는 우리가 그분을 알기 원하신다. 그리고 하나님은 날마다 그분의 말씀을 통해 우리에게 그분 자신을 드러내기를 간절히 원하신다.

혹시 당신은 성경이 이해할 수 없는 책이라고 생각하는가? 그러나 성경은 당신이 이해할 수 있는 책이다. 하루에 성경 세 장(章)을 읽으면 1년에 성경 전체를 일독(一讀)할 수 있다. 이런 방법 외에도 다른 많은 성경읽기 방법들과 연대기적(年代記的) 배열들이 있다. 처음에 성경을 읽다 보면 예기치 못한 어려움에 봉착하여 당혹감을 느낄 수도 있지만, 읽기를 계속하는 중에 하나님의 성품에 대해 배우게 되면 성경을 더욱 많이 이해하게 될 것이다.

모세는 이스라엘 사람들에게 "사람이 떡으로만 사는 것이 아니요 여호와의 입에서 나오는 모든 말씀으로 사는 줄을 네가 알게 하려 하심이니라"(신 8:3)고 말했다. 당신이 날마다 시간을 내어 성경읽기를 통해 하나님과 교제한다면 하나님은 그분 자신과 그분의 계획을 당신에게 보여주실 것이며, 그날그날에 필요한 힘과 은혜를 부어주실 것이다.

하나님의 말씀을 읽고 연구하는 것이 그리스도인의 생존에 지극히 중요한 것은 사실이지만, 거기에서 끝난다면 아무 소용이 없다. 중요한 것은 그분의 말씀대로 행하는 것이다! 그분의 말씀을 읽어야 할 뿐만 아니라 그것을 적극적으로 적용하면서 살아야 한다. 야고보의 교훈을 들어보자.

너희는 말씀을 행하는 자가 되고 듣기만 하여 자신을 속이는 자가 되지 말라 누구든지 말씀을 듣고 행하지 아니하면 그는 거울로 자기의 생긴 얼굴을 보는 사람과 같아서 제 자신을 보고 가서 그 모습이 어떠했는지를 곧 잊어버리거니와 자유롭게 하는 온전한 율법을 들여다보고 있는 자는 듣고 잊어버리는 자가 아니요 실천하는 자니 이 사람은 그 행하는 일에 복을 받으리라 약 1:22-25

이 구절에 따르면, 하나님께서는 우리가 그분의 말씀에 순종하기를 원하신다. 솔로몬의 삶이 실패로 끝난 것은 하나님의 말씀에 따르지 않았기 때문이다. 이미 말했듯이, 그는 여호와를 전심으로 따르지 않았다. 하나님의 말씀은 우리를 인도하는 안내자이기 때문에 우리는 말씀을 말씀 그대로 받아들여야 한다.

평생 하나님께 신실한 삶을 살기 위해 우리가 취해야 할 두 번째 선택은, 혼자서 신앙생활 하지 말고 다른 신자들과 어울려 신앙생활을 하는 것이다. 만일 솔로몬이 그의 삶의 방식을 걱정해주는 다른 사람들과 긴밀한 관계를 맺으며 살았다면 그의 말년은 달라졌을 것이다. 당신은 신약성경이 '함께 신앙의 길을 가는 것'을 왜 그토록 강조하는지에 대해 생각해본 적이 있는가? 즐거울 때 함께 즐거워해주고, 죄를 지을 때 기도해주며, 무거운 짐을 질 때 나누어 질 수 있는 친밀한 그리스도인들이 우리에게는 필요하다. 그렇기 때문에 사도 바울은 "너희가 짐을 서로 지라 그리하여 그리스도의 법을 성취하라"(갈 6:2)고 가르친 것이다.

베드로에 따르면, 신자들이 다른 사람들을 섬기기 위해 받은 은 사들을 사용하는 것은 "하나님의 여러 가지 은혜를 맡은 선한 청지기같이 서로 봉사"(벧전 4:10)하는 것이다. 다르게 표현하면, 하나님께서는 다른 신자들을 통해 우리에게 복을 주시고 도우신다. 모든 그리스도인들은 그리스도의 몸의 지체이기 때문에(롬 12:5 참조) 우리는 서로를 필요로 한다.

하나님께 성실한 삶을 지속하기 위해 우리가 해야 할 세 번째 일은, 세상의 현실을 분명히 인식하는 것이다. 존 엘드리지(John Eldredge, 기독교 작가, 상담가 및 강사)는 《죽은 자들을 깨워라》(Waking the Dead)에서 이렇게 말했다.

"눈에 보이는 것들이 우리의 참 현실은 아니며, 이 세상은 전쟁터이다."

우리를 멸망시키는 것을 첫째 목적으로 삼는 원수가 있다. 하나님께서 사탄에 맞서 싸우도록 우리에게 무기와 갑옷을 주셨지만, 우리가 실제 전투를 해야 한다는 것을 모르면 그것들을 사용할 필요성을 느끼지 못할 것이다.

하나님께서는 우리가 굳게 서기 위하여 그분의 전신갑주를 입고 사용하라고 말씀하신다(엡 6:13 참조). 바울은 "우리의 씨름은 혈과 육을 상대하는 것이 아니요 통치자들과 권세들과 이 어둠의 세상 주관자들과 하늘에 있는 악의 영들을 상대함이라"(엡 6:12)고 가르쳤다. 하나님께서 이미 승리를 거두셨지만 그리스도께서 다시 오실 때까지는 전투들이 계속 된다는 것을 기억하라. 우리가 평생 하나님께 신실한 삶을 살기를 원한다면 우리는 날마다 이 진리를 믿으며 이 진리에 따라 살아야 한다.

하나님께서 보답해주시는 삶

하나님께서는 그분의 지혜를 구하는 자들에게 보답하신다. 왜냐하면 그분의 지혜가 세상을 창조했고, 우주를 운행하게 만들었으며, 모든 영적 법칙들을 작동시켰기 때문이다. 피상적으로 보면, 지혜라는 것은 단지 '합리적으로 생각하는 것'에 불과하다고 느껴진다. 그러나 겸손한 마음으로 좀 더 깊이 조사하고 좀 더 열심히 연구할 때, 지혜의 비밀이 드러난다. 지혜는 우리의 영혼에 마치 꿀과 같다.

내 아들아 꿀을 먹으라 이것이 좋으니라
송이꿀을 먹으라 이것이 네 입에 다니라
지혜가 네 영혼에게 이와 같은 줄을 알라
이것을 얻으면 정녕히 네 장래가 있겠고
네 소망이 끊어지지 아니하리라

잠 24:13,14

우리가 한 걸음 한 걸음 내디딜 때마다 우리의 미래를 향한 하나님의 청사진을 볼 수 있는 것은 그분의 지혜 때문에 가능하다. 그분의 지혜에 의지하여 우리는 계획을 세우고 준비하며, 우리 삶의 우선순위를 제대로 정리한다. 지혜는 나침반의 진북(眞北)과 같다. 진북이 확인되지 않는다면 우리의 방위(方位)는 아무 의미가 없다. 그러나 지혜가 있다면 산 너머에 무엇이 있는지 알지 못 한다 할지라도 어느 방향으로 나아가야 할지는 알 수 있다.

지혜가 우리 위의 하늘을 활짝 열어주기 때문에 우리는 열린 마음으로 하늘의 선물을 받아들일 수 있다. 지혜는 우리의 믿음에 지식을 제공하고, 우리에게 확신을 주며, 우리의 신앙이 행동에 나서도록 돕는다. 우리가 진리를 알고 다른 사람들도 진리로 이끌 수 있는 것은 지혜 때문에 가능하다.

지혜는 당신의 집을 세우고, 그 집을 하나님의 선한 것들로 가득 채운다.

집은 지혜로 말미암아 건축되고
명철로 말미암아 견고하게 되며
또 방들은 지식으로 말미암아
각종 귀하고 아름다운 보배로 채우게 되느니라
지혜 있는 자는 강하고 지식 있는 자는 힘을 더하나니

너는 전략으로 싸우라 승리는 지략이 많음에 있느니라

잠 24:3-6

인생의 모든 복은 하나님의 지혜에 따라 행하면서 다른 무엇보다 그분을 먼저 찾는 삶을 살 때 주어지는 당연한 결과이다. 바로 이것을 가르쳐주는 것이 솔로몬의 기도이다.

우리를 위한 하나님의 계획을 따를 때 성공이 주어진다. 우리가 종의 마음으로 그분의 인도를 따르면, 그분은 우리가 소망하거나 상상한 것보다 더 큰일들을 우리를 통해 이루실 것이다. 이것이야 말로 그분이 상 주시는 삶, 그리고 그분과 그분의 나라를 먼저 구하는 삶을 사는 것이다.

하나님의 위대한 신비 중 하나는 바로 오늘이 그분을 찾는 여행을 시작하기에 가장 좋은 날이라는 것이다. 오늘은 그분이 당신을 위해 준비하신 모든 것을 추구할 수 있는 날이다. 솔로몬의 기도를 통해 배운 것을 적용하고, 그가 보여준 선한 마음가짐을 본받아 당신의 마음을 반석 위에 올려놓고, 아버지의 깊은 계획을 아는 어린아이의 확신을 받아들여라. 평생 솔로몬의 기도의 모범을 따르면서 하나님의 성령을 의지하여 행한다면 승리의 삶을 살게 될 것이다.

당신의 삶을 향한 하나님의 최고의 계획과 복을 찾기 위한 당신의 여행이 성공하기를 기도한다.

헌신의 기도

아버지여!

어린아이의 열린 마음과 순종하는 마음으로

아버지께 나아옵니다.

아버지께서는 이 땅에 그리스도의 대사로 보내기 위해

저를 부르시고,

이 시대의 어리석음과 교만으로부터

사람들을 건질 수 있는 빛과 진리를 맡기셨습니다.

저에게 지혜를 주시어

저의 평생에 그 지혜 안에서 행하게 하소서.

이 땅의 마지막 날까지

아버지와 아버지의 길에 성실한 삶을 살 수 있도록 도우소서.

다른 사람들에게 감동을 주어

그들을 아버지와 예수 그리스도를 아는 구원의 지식으로

이끌 수 있는 지혜를 허락하소서.

언제까지나 신실함을 잃지 말라

솔로몬은 이 땅에 살았던 사람들 중 가장 지혜로운 사람이었다. 그는 명예, 장수, 그리고 부(富)의 복을 받은 사람이었다. 그러나 그의 삶은 쓰라림과 환멸로 끝났다. 그 이유는 무엇인가? 그것은 그가 처음 사랑을 잃어버렸기 때문이다. 통치 초기에 그의 마음은 온전히 하나님을 따르며 오직 그분께만 충성했다. 그러나 그분이 그에게 보상을 주신 후에는 그분을 찾는 대신 보상을 찾았다. 그는 부와 쾌락을 좇으며 지혜를 따르지 않았다. 그의 마음이 지혜의 진정한 근원이신 하나님에게서 등을 돌렸기 때문이다.

이 책을 다 읽은 후, 당신은 솔로몬이 한때 그랬듯이 하나님의 얼굴과 임재를 구하겠다고 결심해야 한다. 복을 내려주시는 그분의 손만을 구해서는 안 된다. 당신을 향한 그분의 계획이 당신을 사로잡고 당신을 인도하도록 해야 한다. 그분의 풍성한 생명이 당신에게 흘러들고 또 흘러나가도록 하라. 그러면 당신은 그분이 뜻하신 대로 사람들을 위한 복의 통로가 될 것이다.

여호와는 네게 복을 주시고 너를 지키시기를 원하며
여호와는 그의 얼굴을 네게 비추사 은혜 베푸시기를 원하며
여호와는 그 얼굴을 네게로 향하여 드사 평강 주시기를 원하노라 할지니라 하라

민수기 6장 24-26절

충성

- 신민(臣民)이 군주에게, 또는 시민이 국가에게 당연히 보여야 할 성실한 태도
- 개인, 집단, 또는 대의(大義)에 헌신하고 충실한 것

땅의 모든 끝이여 내게로 돌이켜 구원을 받으라 나는 하나님이라 다른 이가 없느니라 내가 나를 두고 맹세하기를 내 입에서 공의로운 말이 나갔은즉 돌아오지 아니하나니 내게 모든 무릎이 꿇겠고 모든 혀가 맹세하리라 하였노라 (사 45:22,23)

상벌/보답

- 선한 일이나 악한 일에 상응하는 좋은 것이나 나쁜 것을 주는 것, 도움을 주었거나 과업을 이룬 사람에게 주는 것

믿음이 없이는 하나님을 기쁘시게 하지 못하나니 하나님께 나아가는 자는 반드시 그가 계신 것과 또한 그가 자기를 찾는 자들에게 상 주시는 이심을 믿어야 할지니라 (히 11:6)

The
Prayer
of
Solomon

하나님의 지혜가 담긴

솔로몬의 잠언

여호와를 신뢰하라

너는 마음을 다하여 여호와를 신뢰하고
네 명철을 의지하지 말라 너는 범사에 그를 인정하라
그리하면 네 길을 지도하시리라 잠 3:5,6

너는 갑작스러운 두려움도
악인에게 닥치는 멸망도 두려워하지 말라
대저 여호와는 네가 의지할 이시니라
네 발을 지켜 걸리지 않게 하시리라 잠 3:25,26

자기의 재물을 의지하는 자는 패망하려니와
의인은 푸른 잎사귀 같아서 번성하리라 잠 11:28

삼가 말씀에 주의하는 자는 좋은 것을 얻나니
여호와를 의지하는 자는 복이 있느니라 잠 16:20

너는 악을 갚겠다 말하지 말고 여호와를 기다리라
그가 너를 구원하시리라 잠 20:22

'신뢰'라는 말은 이해하기에 결코 어려운 말이 아니지만, 신뢰를 실
천하는 것은 매우 어렵다. 제대로 돌아가는 구석이 거의 없는 세
상에서 누군가를 신뢰한다는 것은 거의 바보 같은 일로 느껴진다.

그러나 하나님은 우리가 그분을 신뢰하기를 정말 원하고 계신다고 거듭 말씀하신다. 그렇다면 어떻게 해야 우리가 그분을 신뢰할 수 있을까?

하나님의 성품을 연구하는 것이 좋은 출발점이 된다. 성경에 따르면, 그분은 성실하시고 미쁘시며 사랑으로 가득하시고 선하시며 은혜로우시고 지혜로우신 분이다. 또한 성경은 그분에게 악(惡)이 조금도 없다고 가르친다.

잠깐이라도 시간을 내어 그분의 성품을 묵상하면 큰 도움을 받을 수 있다. 그분의 성품을 가르치는 성경구절이 당신의 마음에 와 닿는다면 그 구절들을 암기하는 것도 아주 좋은 방법이다.

당신은 앞으로 살면서 갈등을 느낄 때도 있을 것이다. 그리고 하나님이 당신을 실망시킨 주변 사람들과 똑같다고 믿어버리고 싶을 때도 있을 것이다. 이런 시간이 찾아오면 그분의 성품에 대해 연구한 것을 기억하고 깊이 묵상해보라. 그리고 당신이 암기한 성경구절을 큰소리로 암송한 후, 이번에는 그분을 반드시 신뢰하겠다고 결심하라.

그리고 하나님이 약속을 지키는 분이신지 아닌지 확인해보라. 당신이 그분께 기회를 드리면 그분은 그분의 성실하심을 증명하실 것이다. 오늘 당장 신뢰의 여행을 떠나라!

화평케 하는 자가 되라

노하기를 더디 하는 것이 사람의 슬기요
허물을 용서하는 것이 자기의 영광이니라 잠 19:11

다툼을 멀리 하는 것이 사람에게 영광이거늘
미련한 자마다 다툼을 일으키느니라 잠 20:3

다투는 시작은 둑에서 물이 새는 것 같은즉
싸움이 일어나기 전에 시비를 그칠 것이니라 잠 17:14

분을 쉽게 내는 자는 다툼을 일으켜도
노하기를 더디 하는 자는 시비를 그치게 하느니라 잠 15:18

거만한 자를 쫓아내면 다툼이 쉬고
싸움과 수욕이 그치느니라 잠 22:10

어떻게 하면 다툼을 피할 수 있을까? 다툼을 피하는 방법을 알면
풍성한 결실을 거둘 수 있다.

성경은 이 문제에 대해 많은 지혜를 가르친다. 어떤 성경구절은 싸
움을 물에 비유하면서, 싸움이 걷잡을 수 없을 정도로 커지기 전에
마치 물을 틀어막듯이 틀어막으라고 충고한다. 싸움을 물에 비유

하는 것이 정말 탁월하지 않은가! 일단 싸움이 시작되면 중단하기 힘들어진다.

또 어떤 성경구절은 싸움을 피하면 존귀하게 된다고 가르친다. 왜냐하면 내가 싸우는 것이 지극히 정당하다고 내 온몸의 세포들이 아우성칠지라도 싸움을 피하는 것이 하나님의 뜻이기 때문이다.

다툼을 피하려면 두 가지를 지켜야 한다. 하나는 싸움을 시작해서는 안 되며, 다른 하나는 만일 다른 사람이 싸움을 시작하면 재빨리 중단시켜야 한다.

성경은 귀에 거슬리는 말이 분노를 일으킬 수 있다고 경고한다. 거친 말을 들으면 일단 방어적인 태도를 취하게 되고, 그 다음에는 반격에 나서게 된다. 일단 싸움이 시작되면 사람들은 모욕적인 말을 서로 끝없이 주고받는 악순환에 빠지게 된다.

이런 어리석은 악순환에 빠지지 않으려면 우리의 자존심을 접어야 하며, 누구에게 잘못이 있느냐 하는 것이 중요하지 않다는 것을 깨달아야 한다. 이런 깨달음을 얻을 때, 사소한 것들에 얽매이지 않고 멀리 보면서 큰 틀에서 사고할 수 있게 된다. 우리가 하나님의 영광을 위하여 '화평케 하는 자'가 될 때 그분이 높아지신다.

근면하고 성실하게 행하라

자기의 토지를 경작하는 자는 먹을 것이 많거니와
방탕한 것을 따르는 자는 지혜가 없느니라 잠 12:11

손을 게으르게 놀리는 자는 가난하게 되고
손이 부지런한 자는 부하게 되느니라
여름에 거두는 자는 지혜로운 아들이나
추수 때에 자는 자는 부끄러움을 끼치는 아들이니라 잠 10:4,5

모든 수고에는 이익이 있어도
입술의 말은 궁핍을 이룰 뿐이니라 잠 14:23

네가 자기의 일에 능숙한 사람을 보았느냐
이러한 사람은 왕 앞에 설 것이요
천한 자 앞에 서지 아니하리라 잠 22:29

부지런한 자의 경영은 풍부함에 이를 것이나
조급한 자는 궁핍함에 이를 따름이니라 잠 21:5

〈랜덤 하우스 대사전〉(Random House Unabridged Dictionary)은
'근면'을 '맡은 일을 이루기 위해 지속적으로 열심히 노력하는 것;
몸과 마음을 계속 사용하는 것'이라고 정의한다. 예수님을 뺀다면

역사상 가장 지혜로운 사람이었던 솔로몬은 잠언에서 근면에 대해 많은 말을 했다. 근면은 하나님을 기쁘게 해드리고 우리에게 큰 보답을 얻게 하는 인격적 특성이다.

당신은 당신이 얼마나 근면하다고 생각하는가? 당신이 맡은 과업이 아무리 보잘것없다 할지라도 당신은 그 일에 최선을 다하는가, 아니면 그럭저럭 꾸려나갈 정도로만 일하는가? 당신은 어떤 일들이 당신의 품위에 맞지 않을 정도로 비천하다고 느끼는가?

어떤 일이라도 온 힘을 다해 처리한다면 당신의 자긍심이 매우 향상될 것이다. 왜냐하면 최선을 다했다는 깊은 만족감을 얻게 될 것이기 때문이다. 최선을 다하면 단지 자긍심만 향상되는 것이 아니라 다른 이점(利點)들도 있다. 예를 들면, 당신의 고용주가 당신을 주목하고 진급시켜줄 수도 있다. 그러나 고용주가 당신을 주목하지 않는다 할지라도 언제나 당신을 주목하는 분이 계시다. 하나님은 언제나 당신의 수고를 주목하고, 그에 보답해주신다. 그분은 당신이 작은 일에 충성하면 나중에 큰일을 맡게 될 것이라고 약속하셨다.

그러므로 중단하지 말라. 포기하지 말라. 하나님이 지금 당신을 어디에 두셨든, 무슨 일을 맡기셨든 전심으로 일에 몰두하라. 당신이 노력한 만큼 반드시 보답이 있을 것이다!

절제하라

노하기를 더디 하는 자는 크게 명철하여도
마음이 조급한 자는 어리석음을 나타내느니라 잠 14:29

노하기를 더디 하는 자는 용사보다 낫고
자기의 마음을 다스리는 자는
성을 빼앗는 자보다 나으니라 잠 16:32

노하기를 맹렬히 하는 자는 벌을 받을 것이라
네가 그를 건져주면 다시 그런 일이 생기리라 잠 19:19

연락을 좋아하는 자는 가난하게 되고
술과 기름을 좋아하는 자는 부하게 되지 못하느니라 잠 21:17

어리석은 자는 자기의 노를 다 드러내어도
지혜로운 자는 그것을 억제하느니라 잠 29:11

'절제'라는 것은 우리가 화제로 삼기 좋아하는 주제는 아니다. 자기 자신에게 "노"(No)라고 말하는 것은 사실 고통스런 일이다. 그렇지 않은가? 그러나 하나님께서 우리에게 절제의 성품을 길러주시도록 순종한다면 아름다운 열매를 풍성히 맺을 것이다. 예를 들

184

어보자. 으깬 감자를 한 접시 더 먹고 싶은 유혹을 느낄 때 자신에게 "노"라고 말하면, 내일 바지를 늘리지 않고도 입을 수 있는 것에 대해 뿌듯함을 느낄 것이다. 30분짜리 드라마를 보지 않고 일찍 잠자리에 들면, 다음날 아침 몸이 한결 더 개운하기 때문에 기분이 매우 좋을 것이다.

반면, 우리 스스로를 제한하는 일에 실패할 경우에는 부정적인 결과를 감당할 수밖에 없다. 분을 참지 못하여 화를 냈다가 불과 몇 분 후에 그 때문에 자신은 물론 다른 사람들을 고통과 수치심에 빠뜨린 것을 후회하는 사람들이 얼마나 많은가! 펑펑 써댄 카드 값을 갚으라고 은행에서 날아온 청구서를 볼 때 하늘이 노래진 적이 없는 사람은 없을 것이다. 누구나 무절제의 부정적인 결과를 맛본 적이 있을 것이다.

생각의 관점을 바꾸면 상대적으로 쉽게 절제에 성공할 수 있다. 절제가 우리의 즐거움을 앗아간다는 관점에서만 생각하지 말라. 절제에 성공했을 때 얻게 될 기분 좋은 결과들을 머릿속에 그려보는 것이 더욱 좋은 방법일 것이다. 하나님께서는 우리가 즐겁고 성공적인 삶을 살기 원하신다. 그분은 자신을 다스리는 것이 경우에 따라서는 즐겁고 성공적인 삶을 살 수 있는 유일한 방법이라는 것을 잘 알고 계신다. 오늘 당신 자신에게 "노"라고 말하라!

여호와를 경외하라

여호와를 경외하는 것이 지혜의 근본이요
거룩하신 자를 아는 것이 명철이니라 잠 9:10

여호와를 경외하는 것은 사람으로 생명에 이르게 하는 것이라
경외하는 자는 족하게 지내고
재앙을 당하지 아니하느니라 잠 19:23

여호와를 경외하면 장수하느니라
그러나 악인의 수명은 짧아지느니라 잠 10:27

스스로 지혜롭게 여기지 말지어다
여호와를 경외하며 악을 떠날지어다 잠 3:7

가산이 적어도 여호와를 경외하는 것이
크게 부하고 번뇌하는 것보다 나으니라 잠 15:16

성경은 여호와를 경외하는 것이 지혜의 근본이라고 가르친다. 그
러므로 여호와를 경외하는 것은 지극히 기본적인 것이다. 그렇다
면 그분을 경외하는 것은 정확히 무엇을 의미하는가?
여호와를 경외하는 것은 그분을 공경하고 두려워하는 것이다. 이것

은 그분이 유일한 하나님이시며, 우리가 그분에게 전심으로 충성해야 한다는 것을 깨닫는 것이다. 이것은 우리의 삶이 우리의 것이 아님을 깨닫는 것이다. 이것은 우리가 우리 자신에게만 책임을 져야 하는 독립적 존재가 아님을 깨닫는 것이다. 사실 우리는 우리의 매 순간의 호흡까지도 하나님께 빚지고 있다. 성경에 따르면, 이는 우리가 그분 안에서 살며 기동하며 존재하기 때문이다(행 17:28 참조). 그렇다면 하나님을 경외하는 것을 매일의 삶 속에서 실천하려면 어떻게 해야 하는가? 그리스도인으로서 우리가 그분을 큰일과 작은 일 모두에서 인정하는 것이 그 첫걸음이다. 경외는 우리의 삶을 향한 그분의 뜻에 순종하는 것을 의미한다. 왜냐하면 그분이 우리의 창조주로서 우리를 지도할 권리를 갖고 계시기 때문이다. 더욱이 여호와 하나님은 우리를 매우 사랑하는 우리의 아버지이시기 때문에 우리는 더욱 그분께 순종해야 한다.

여호와를 경외하는 것은 우리를 지혜와 평안과 행복의 진정한 근원이신 하나님에게로 이끈다.

말에 힘이 있음을 유념하라

유순한 대답은 분노를 쉬게 하여도
과격한 말은 노를 격동하느니라 잠 15:1

칼로 찌름같이 함부로 말하는 자가 있거니와
지혜로운 자의 혀는 양약과 같으니라 잠 12:18

말이 많으면 허물을 면하기 어려우나
그 입술을 제어하는 자는 지혜가 있느니라 잠 10:19

지혜로운 자의 마음은 그의 입을 슬기롭게 하고
또 그의 입술에 지식을 더하느니라
선한 말은 꿀송이 같아서 마음에 달고
뼈에 양약이 되느니라 잠 16:23,24

말을 아끼는 자는 지식이 있고 성품이 냉철한 자는 명철하니라
미련한 자라도 잠잠하면 지혜로운 자로 여겨지고
그의 입술을 닫으면 슬기로운 자로 여겨지느니라 잠 17:27,28

고통을 주는 말을 들어보지 못한 사람은 없을 것이다. 반면, 어렵
고 힘들 때 누군가 던진 한 마디 말에서 용기와 위로를 얻은 경험
이 없는 사람도 없을 것이다. 후자는 우리의 영혼에 힘을 주지만,

전자는 이미 무거운 짐을 더욱 무겁게 만든다.

말에는 어마어마한 힘이 있기 때문에 하나님께서는 성경의 여러 곳에서 말의 힘에 대해 가르치신다. 그런데 우리의 말은 다른 사람들에게 큰 영향을 끼치는 것으로 끝나지 않는다. 장차 우리는 우리의 입에서 나온 모든 말에 대해 하나님 앞에서 책임을 져야 한다. 이것은 너무나 두려운 일이다.

그러니, 지혜로운 자는 자기의 혀를 길들이지만 어리석은 자는 머리에 떠오르는 것을 모두 말로 표현한다고 솔로몬이 가르치는 것은 놀랄 일이 못 된다. 우리는 다른 사람들에게 위로와 친절과 격려의 말을 할 수도 있고, 절망과 낙심과 비난의 말을 할 수도 있다. 어느 쪽을 택할지는 우리의 몫이다.

그러므로 우리의 혀를 하나님의 뜻에 따라 사용하자. "하나님, 우리가 날마다 대하는 사람들의 마음과 삶 속에 선한 것들을 전할 수 있도록 성령님을 통해 우리의 혀를 움직여주소서"라고 기도하자.

저주하지 말고 축복하자!

진실하게 행하라

바른 길로 행하는 자는 걸음이 평안하려니와
굽은 길로 행하는 자는 드러나리라 잠 10:9

정직한 자의 성실은 자기를 인도하거니와
사악한 자의 패역은 자기를 망하게 하느니라 잠 11:3

공의는 행실이 정직한 자를 보호하고
악은 죄인을 패망하게 하느니라 잠 13:6

가난하여도 성실하게 행하는 자는
부유하면서 굽게 행하는 자보다 나으니라 잠 28:6

온전하게 행하는 자가 의인이라
그의 후손에게 복이 있느니라 잠 20:7

'진실'(Integrity)은 오해하기 쉬운 단어이다. 남의 것을 훔치지 않으
면 진실한 것이라고 생각하는 사람이 많지만, 진실은 이런 것보다
더 많은 뜻을 담고 있다.
본질적으로 우리가 누구인지에 대해 정직할 수 있는 것도 진실의
한 요소이다. 때때로 우리는 마음에도 없는 행동이나 말을 한다.

예를 들어보자. 누군가 저급한 농담을 했을 때 우리는 그것이 우습다고 생각하지 않으면서도 무리에게 왕따를 당하지 않으려고 그냥 웃는다. 이것은 다른 사람들과 우리 자신에게 정직하지 못한 것이며, 왕따를 당하지 않으려고 진정한 자아를 희생시킨 것이다. 다른 사람의 재능을 뛰어넘는 재능을 가지려고 애쓰는 것도 우리 자신에 대해 정직하지 못한 것일 수 있다. 이럴 경우 우리는 종종 타고난 재능이 없기 때문에 성공하지 못한다. 하나님께서는 각 사람을 독특하게 만드셨기 때문에 우리에게는 우리 특유의 재능이 있을 뿐이다.

우리 속에 있는 것과 우리 밖으로 드러난 것이 서로 일치하는 것이 진실이다. 진실하게 사는 것이 항상 쉬운 것은 아니지만, 진실한 삶은 우리에게 깊은 만족을 준다. 우리 안에 있는 '진짜 우리'가 인정받기 때문이다. 하나님께서 본래 만드신 '진짜 당신'이 될 수 있는 기회를 놓치지 말라.

여디디야 기도

초판 1쇄 발행	2015년 6월 8일

지은이 릭 킬리언
옮긴이 이용복

펴낸이 여진구
책임편집 1팀 | 이영주, 김수미
편집 2팀 | 최지설, 김나연　　3팀 | 안수경, 유혜림　　4팀 | 김아진, 김소연
책임디자인 이혜영, 전보영 | 마영애, 오순영
기획·홍보 이한민　　　　　　　　　　**해외저작권** 김나은
마케팅 김상순, 강성민, 허병용, 이기쁨　**마케팅지원** 최영배, 이명희
제작 조영석, 정도봉　　　　　　　　**경영지원** 김혜경, 김경희

이슬비전도학교 최경식, 전우순　　　　　**303비전성경암송학교** 박정숙, 정나영, 정은혜
303비전장학회 & 303비전꿈나무장학회 여운학

펴낸곳 규장

주소 137-893 서울시 서초구 매헌로 16길 20(양재2동) 규장선교센터
전화 02)578-0003　　**팩스** 02)578-7332
이메일 kyujang@kyujang.com　　**홈페이지** www.kyujang.com
트위터 twitter.com/_kyujang　　**페이스북** facebook.com/kyujangbook
등록일 1978.8.14. 제1-22

책값 뒤표지에 있습니다.
ISBN 978-89-6097-409-8 03230

규 | 장 | 수 | 칙

1. 기도로 기획하고 기도로 제작한다.
2. 오직 그리스도의 성품을 사모하는 독자가 원하고 필요로 하는 책만을 출판한다.
3. 한 활자 한 문장에 온 정성을 쏟는다.
4. 성실과 정확을 생명으로 삼고 일한다.
5. 긍정적이며 적극적인 신앙과 신행일치에의 안내자의 사명을 다한다.
6. 충고와 조언을 항상 감사로 경청한다.
7. 지상목표는 문서선교에 있다.